激流の中で

敗戦後中国で育った少年とその後

江幡武

22世紀アート

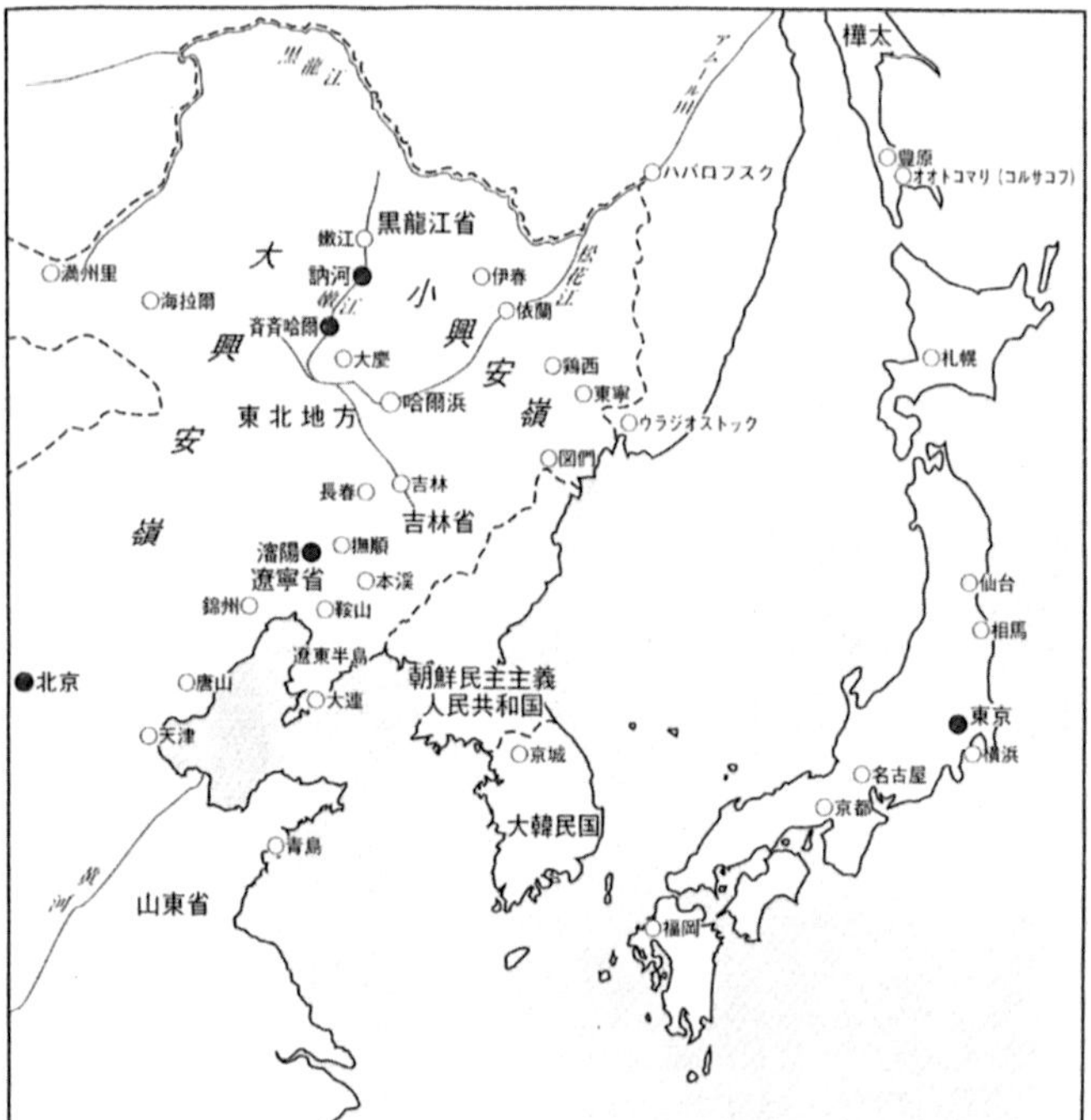

樺太
豊原
オオトコマリ（コルサコフ）
黒龍江
アムール川
ハバロフスク
黒龍江省
嫩江
大
滿州里
訥河
小
伊春
松花江
海拉爾
嫩江
依蘭
齊齊哈爾
興
興
大慶
安
鶏西
札幌
東寧
哈爾浜
東北地方
嶺
ウラジオストック
安
図們
長春
吉林
吉林省
嶺
瀋陽
撫順
遼寧省
本渓
仙台
錦州
鞍山
相馬
遼東半島
朝鮮民主主義
人民共和国
北京
唐山
大連
東京
天津
京城
横浜
名古屋
京都
大韓民国
青島
黄河
山東省
福岡

目次

竜沙公園望江楼より眺めた昭和十年頃の嫩江。手前は「分流」で、本流は水平線近くに見える。

父母と兄妹。昭和二十年一月。武九歳、和子七歳、信子五歳。
父は国民服を着ている。

チチハル市信永在満国民学校の旧校舎。一九九九年現在は初級中学校に使われている。一階右から二番目の教室で学んだ。土俵は校舎の右手に有り、奉安殿は校舎の陰にあった。

福島（当時は古府）先生と私達兄妹。一九四二年父のチチハル転勤に際して撮影。福島先生二十歳、武七歳、和子五歳、信子三歳。

私達が一九四〇年頃住んだ撫順の満鉄社宅（一九八四年撮影）。

渡韓記念　明治四十三年夏水戸で。
祖父母と親戚。軍帽のような帽子をかぶっているのが五歳の父。

大正十二年朝鮮江原道の官舎で。祖父の後ろに十八歳の父。

新田　留次郎

新田　とき

俳優　大島　屯

沈陽四中での集合写真。前列左から三人目が岳鉄麟、五人目の私は支給された大きすぎる人民服を着ている。右から四人目が丁鋼。右端に級担任。

東北局の我が家と塀（一九八四年撮影）。アングルのせいで手前の平屋が大きく見える。一九四九年頃私達は二階屋の一階部分に住んでいた。

一九五一年当時そのままの羊房胡同の旧我が家入り口（一九八四年撮影）。一九五一年当時胡同は舗装されていなかった。現在は再開発され昔の面影は残っていない。

羊房胡同の我が家（一九八四年撮影）。
正面入り口の感じは三十年前とほぼ同じだが、中庭には数所帯分のバラックが建っていた。

北京三中正門

北京三中の教室と中庭（一九八四年撮影）。祖家の邸宅主屋だった旧講堂から撮影した。典型的な四合院の中庭である。

北海託児所の児童と父。一九五三年帰国前に撮影。

一九九五年私達一家（私、家内と長男）のために集まってくれた高級中学の同級生達。私が学んだ教室はガラス窓に変わった点と塗装がはげていない点で昔と変わっている。前列左から四人目は周校長。後列左から四人目が王玉林。

大連の旧満鉄本社前の竜華会訪中団。一九九九年。
前列中央に妹和子、その後ろに団長の外園君。

前三章のまえに

一九九九年春に東北大学理学研究科を定年退職しました。恒例により理学部同窓会主催の定年教授による記念講演会が催されました。私は変則的な私の学校生活を回顧して、その中で私の出会った先生方の話をしましたが、聞いてくださった方からは好評だったように思いました。一九四五年の敗戦を中国旧満州で迎え、一九五三年まで中国で過ごした関係上、数え切れないほどの学校を転々としましたが、幸いな事に節目毎に良い先生方に出会う事ができました。私としては感謝の気持ちを言葉にしたかったのです。

一九九八年の江澤民主席訪日に際しては、いわゆる歴史認識問題が話題になりましたが、私も日本の近代とアジア諸国との関わりについて、日本の若者にもっと関心を持ってもらいたいと思っています。私の記録が多少なりとも役に立てばと思い、体験した時代の大きな波を少年の目線でまとめてみました。時代全体の流れを理解していただくのに役立つよう祖父母の代からの一族の変遷を軸に近代日本の歴史にも簡単に触れてあります。

教育分野に身を置いた者として特殊な環境での成長の過程を記録するのも意味があると

考え、その時々に学んだ事や少年時代の読書傾向も記述しましたが、ストーリーの展開からすればやや目ざわりかもしれません。

最近教育問題がやかましく論じられていますが、残留した日本人の児童は運良く死ななかった場合は殆ど皆のびのびと育って各々が選んだ道で活躍しています。劣悪な環境は必ずしも全てマイナスには働かなかったようで、動機付けと先生の優れた個性が児童の成長には最も大切だったように思います。

私が自分の少年時代についてまとめている事を知った多くの方が情報を寄せて下さいました。また、初期の原稿に率直な感想を寄せて下さった東北大学の研究室や同僚の方に感謝します。私の記憶違いや、曖昧な点を正してくれた母や妹の和子にも感謝します。母は九十九年十月に亡くなり、もはや色々尋ねる事ができなくなりました。

今は亡き妻富士子の辛抱強い協力と最初の読者としての意見なしでは、この原稿は完成しませんでした。改めて感謝します。

読者、知人が指摘してくださった誤りを訂正する以外は、初めの三章部分は前の版に加筆しないでそのままにしてあります。

二〇二〇年十月

江幡　武

第一章　――敗　戦

一　敗　戦

昭和二十年八月九日、斉々哈爾《チチハル》市信永在満国民学校四年生だった私は家の前のテニスコートに夏休みの早朝体操に出かけた。昼間は真夏の太陽が照り付けていたが、朝晩には北満ではもう秋の気配が感じられた。この朝は特別冷えて、朝の空気はもはや半ズボンには冷たく、膝の関節に痛みを感じるほどだった。体操を終えて友達と別れ、前日仕掛けておいた雀取りのわなを一巡りして朝食に戻ると、家の中は慌しかった。ソ連軍が国境を越えて攻めてきたニュースが入っていたのである。といっても家のRCA製の高級電蓄（ラジオ付き電気蓄音機）はだいぶ前から壊れていたので、このニュースはお向かいの山下さんからきたに違いない。

父はチチハル満鉄病院で小児科の医長をしていたが、出身の京城帝国大学医学部に一年程「内地留学」していた。近々召集されるので待機するようにとの指示を受けて留学を切り上げ、ほんの数日前チチハルに戻ってきていた。父は戦闘帽、国民服にゲートルというでたちでどこかに出かけていった。兵隊は足首から膝にかけてゲートルと呼ばれる布帯をズボンに巻きつけて裾を止めていたが、軍服に近い国民服を着た一般市民も外出にはゲートルを巻くのが普通になっていた。母は避難に備えて一家五人のリュックサックを準備し始めた。リュックには着替えや、米、当時は貴重品の缶詰などが詰め込まれた。母は妊娠していたが、間もなく生まれる赤ん坊が無事育つとは思えなかったので、赤ん坊が使うおむつや衣類はリュックに入れなかった。我が家は、父母、私、小学校二年と幼稚園の二人の妹、計五人家族であった。もう一人弟がいたが、今でいう突然死で誕生後まもなく死亡した。

満鉄の社宅は、東西に走る駅前大通を挟んで南と北の二地域に分かれていたが、それぞれの地域には主として煉瓦造り二階建ての建物群が立ち並んでいた。これらの建物は八ないし十二戸で一棟になっていた。二、三十棟ごとにボイラー棟が置かれ、スチームによる地域暖房が行われていた。私達の住む信永街の南社宅は関東軍の広大な敷地に隣接していて、その敷地には倉庫が立ち並んでいた。その朝、見たところ隣の敷地は平静そのものだった。

翌日、どうなるか不安だったので歩いて十分程の南社宅南端にある信永小学校に行ってみた。煉瓦造り二階建ての校舎で、一学年三学級くらいの規模だったと思う。途中の社宅はどこも騒然としていたが、学校は先生もおらずひっそりとしていた。学校の運動場は日本の普通の小中学校に比べると非常に広く、運動場のはずれには屋根のついた土俵があった。強い日差しを避けて土俵のところで休んでいると、遠くからカタカタという軽い爆音が聞こえ、ソ連の緑色に塗られた複葉機が一機ひどくのんびりした感じで低空を飛んできた。風防眼鏡をしたパイロットの顔がはっきり見えた。胴体は多角形で、小学四年の私にもベニヤ製であることが見て取れた。飛び過ぎて行った飛行機は少し姿勢を下に向けると機銃を発射した。そして爆弾を落として飛び去った。二年後にはその爆弾が命中し壊れた建物に住むことになるとは、そのときには思いも及ばなかった。

八月十二日か十三日、避難することになった隣組全体は殺気立っていた。いよいよ駅に向けて出発というときになって、乗る予定の列車が関東軍に徴用されてしまい、私達は避難できなくなってしまった。そのことを伝えにきた人が、列車には軍人の家族と一緒に足踏みミシンまで積まれていたと恨みがましく言っていた。しかし、関東軍は大興安嶺《ターシンアンリン》に立てこもって反撃するに違いないと友達が言っていたので、長期戦に備えた周到な準備だとむしろ感心した。私は大興安嶺というロマンチックな響きの名前は知っていたが、それがどこにあるかは知らなかったので、関東軍が逆の方向に逃げ出したのには気がつかなかったのである。

予告されていた十五日の玉音放送を父母が近所に聞きに行った。遠足で行ったこともある郊外の飛行場が翌十六日に爆撃された。黒い機影が小さく見えて、爆発音が響いた。地平線を真っ赤にして何日も燃え続けるのが関東軍の敷地越しに見えた。子供同士の噂では、飛べるだけの飛行機でソ連を爆撃したことへの報復だということであったが、今考えるとその話はいささか辻褄が合わないような気もする。

そしてある日私が遊びに行って帰ってみると、家には市川さん一家が避難してきていた。出征した満鉄のハイラル病院小児科医長の奥さんと息子三人（六歳、三歳と一歳くらい）、おばあさん、ご主人の妹（そのご主人もまた出征していた）とその息子（四歳くらい）の七名である。一度ハルピンまで避難したが、日本へはとても帰れそうもないのでチチハルまで引き返してきたのだった。暑い時期だったので、持っていたお金の半分が冷たいものを買ったりするのに消えてしまったそうである。私の家にはその他にもう一組、お母さんと私くらいの息子およびお母さんの妹、の三人家族も避難してきて二、三日一緒に暮らしたが、満員なので住民が避難して空家になっていた駅近くに引っ越していった。

鉄道工場に勤めているお向かいの山下さんが若い人に枕木をたくさん運ばせてきて、社宅の入り口を小さい木戸以外全部塞いでしまった。私達の住んでいた社宅は二階建て八戸一棟で、四戸で一つの入り口ホールを共用していたのである。いつでも隣に逃げられるように、背中合わせになった社宅の押入れの壁には人のくぐれる穴が開けられた。近所全ての社宅の入り口ホールに同じような防壁が設けられた。

敗戦後四、五日してソ連軍が進駐してきた。トラックの車体やハンドルが皆木製なのでびっくりした。ほとんど全てのソ連兵は、円盤状の弾倉がついた自動小銃を持っていた。ソ連三八式小銃では太刀打ちできないのも道理だと友達が親から聞いた受け売りをした。ソ連兵の我が家への現われ方は突然だった。いきなり自動小銃を肩にかけた若い二人の兵士が土足で踏み込んできた。身振りで寄越せという合図をしたが、当時家にいた母や私たちは驚きのあまり身動きができなかった。しかし怖いという感じはしなかった。こちらの反応にじれてか、勝手に箪笥《たんす》を開けて探し始め、やがて母が隠していた千五百円を見つけると、大喜びで立ち去った。この千五百円は敗戦にあたって一軒あたり三千円満鉄が配った現金の半分であった。チチハルは僻遠の地ということで特別手当も多く、当時本俸二百数十円の父は月六、七百円もらっていたそうである。しかし預金を引き出す余裕がなかったので、これは貴重な現金で母が一か所に纏めておくのは危ないと移した半分であった。ゲーペーウーという政治警察が取り締まりにあたっていて略奪の現行犯はその場で射殺されることもあるということではあったが、道で出会うソ連兵たちは、これ見よがしに腕まくりした腕にいくつも略奪した腕時計をはめていた。いまでこそ腕時計はありふれているが、当時はぜんまい式腕時計で、日本人にとっても貴重品だったが、ソ連兵にとってはほとんど宝物だったのである。

我が家から空家に移った一家とはわずか二、三日の付き合いだったけれど、子供と仲良くなっていたので遊びに行ってみた。窓という窓は、畳で塞いであって家の中は薄暗かった。畳には仕掛けがしてあって、紐を引くと倒れてきて窓から逃げ出せるようになっていた。お母さんたちは女とわからないように坊主になっていて、顔を真っ黒に汚していた。駐屯地に近いせいか、ソ連兵がよく来るということであった。友達とタバコの空き箱でバッタ（メンコ）をして遊んでいるとソ連兵数名がやってきた。私にバケツと棒切れを渡してその子達は「ついて来い！」と合図をした。友達みんなでバケツや金たらいと棒を持って兵隊から見えない物陰に行き、力いっぱい打ち鳴らした。自動小銃を振り回して威嚇していたが、兵隊は発砲もせずにやがて引き上げていった。

背中合わせの隣は川島さんであるが、避難してきた川島さんの娘一家と社宅を接収された満鉄病院の院長夫妻が住んでいて、警察関係かなにかの仕事をしていた川島さんの娘婿はひっそりと身を潜めていた。ある日、中国政府の役人がやってきて娘婿を引き立てて行った。後からついて行ってみると、広場にはたくさんの軍服姿の日本人が集められていた。取り上げられたために、短剣を吊るベルトが締まっていないよれよれの軍服姿はひどく惨めに見えた。まもなくソ連軍のトラックに載せられ全員どこかへ連れ去られてしまった。まさか日本が負けるはずがない、日本軍がどこかで反撃するに違いないというそれまで持ちつづけた願いは、空しいものであることがはっきりした。

父は隣組の組長のような世話係りをしていたが、皆で越冬用の食糧備蓄に精を出した。サンルームの出窓には大きな南瓜がずらりと並べられた。ジャガイモ、大根、人参、白菜などがたくさん集められた。米は殆ど手に入らなかったので、代わりに高粱などの雑穀が買い集められた。同級生の豆腐屋に父と何度も行って、大きな木箱がいっぱいになるまで大豆を運んだ。そんな頃顔見知りの少佐か中佐が食用油の売り込みにやってきた。顔見知りというのは、ついこの間小学校に講演にきて日本軍がいかに強いかという話をおもしろおかしく話していったからである。話すときに額の横しわが非常に大きく動き、なかなか格好よく思えたので、その後しばらく額にしわを寄せる練習をしたくらいであった。顔見知りだという私の口添えもあって、隣組のみなで石油缶に入った油を分けたのだが、下痢する人達が続出してすぐに大騒ぎになった。増量のためにひまし油を混ぜてあったのだそうである。砂糖なども気をつけないと混ぜものをつかまされるという話であった。

水道が止まるのに備えて、近所の人たちが共同で深い井戸を掘った。また、山下さん達と荷車を引いて郊外の原っぱの中に建っている中学校まで煉瓦を集めに出かけた。ついこの間まで堂々としていた中学校の建物は、窓ガラスはおろか屋根もなくなっていて、大勢が大きなハンマーを使って煉瓦壁を壊していた。私達子供は倒れた壁から小さな金槌を使って壊さないように一つずつ煉瓦を剥がしとった。何往復かして集めた煉瓦を使って山下さんがペチカを作ってくれた。これで座敷と居間の二つの八畳間が暖められるようになった。私たち一家は居間、市川さん一家は座敷で暮らした。この社宅には、その他に応接セットの置かれたかなり広いサンルーム、四畳半の茶の間と父の蔵書で一杯の書斎があった。

食事は市川さん一家も一緒だったが、今後の見通しがたたないためか量には厳しい制限がつけられた。せっせと運んだ大豆で豆乳も造ったが青臭くて好きになれなかった。これまで家にあっても使っていなかった石臼を使って市川さんのおばあさんが炒り豆を黄粉にしてくれた。おばあさんは夜泣きの激しい甘えん坊の三歳の征《すすむ》ちゃんの相手をしているとき以外は、いつも臼を回していた。高粱の粉やおろしたジャガイモの粉で作ったすいとんの団子に黄粉をまぶして食べた。もちろん砂糖などないのでおいしいというわけにはいかなかったが、高粱のご飯よりはましだった。米のご飯には、南瓜やジャガイモが大量に混ぜられていて、お腹がすいていても食べにくかった。副食にどんなものが出たのかほとんど何も覚えていない。市川夫人が豆腐とおからを売り歩いていたので、おからがよく出された。時折出る豆腐は大変なご馳走だった。大皿からおいしそうなものをとろうとしたときに、何人いて一人どれだけ食べてよいか考えろと父に厳しくたしなめられて恨めしく思ったことを覚えている。

　そのころ小学校に友達と行ってみると、校庭には人骨模型やらさまざまな教材、教科書の類が散乱していて、教室という教室は、何日もかかってようやくチチハルまで避難してきた開拓団の人たちで一杯だった。北の訥河《ノンホ》や嫩江《ノンコウ》近辺には幾つもの開拓団が入植していて、皆チチハルまで避難してきたのだった。チチハルに殆ど隣接する富裕《フユウ》に入植していた石川県の開拓団団員百二十名余りが財産引渡しを求める中国農民に包囲され、立てこもった小学校で八月末集団自決をしたという事件があるが、どの開拓団もようやくの思いでチチハルまでたどり着いたのである。校舎の土台によじ登って窓からのぞくと、教室の床には汚れたふとんが敷き詰められ、モンペ姿の女たちや子供がぼんやり座っていた。後ろから「コラー！　何しとる！」と怒鳴られて一目散に逃げ出した。

小学校の裏手は低い丘になっていて、かつては日本人の家庭菜園が一杯あった。取り残された野菜などが残っていないか見に行ったが、既にとり尽くされていて何も残っていなかった。丘を越えるとその向うに中国人の部落があり、丘側のはずれは部落の共同墓地だった。丘の上から眺めるとちょうど葬式の最中だった。白装束の喪服の人たちが盛大に泣いて紙銭を燃やしていた。葬式が終わって人々が引き揚げた後に行ってみると、お供えの饅頭《マントウ》（小麦粉製の蒸パン）などが皿に山盛りになっていた。とてもおいしそうなので思わず友達とお腹一杯食べてしまった。帰り道、死人のものを取ったので死人が化けて出るのではないかと友達が言い、大分心配になってきた。家に帰って晩御飯が食べられない理由を適当に取り繕ったが、夜中にお腹が痛くなってきた。いよいよ死ぬのではないかととても怖くなったが、誰にも何を食べたかは言えずに一晩ひたすら我慢した。

学校もないので友達と一日中近所で遊んだ。地域暖房の配管を通すコンクリート製の地下溝が各社宅の間に張り巡らされていたが、そこにもぐりこんで戦争ごっこをやってももう誰にも怒られなかった。駅近くの広場には中国人の商人が集まるちょっとした市場ができて、日本人や中国人で混雑していた。飴菓子、西瓜やヒマワリの種が露店のざるに山盛りにされていた。西瓜やヒマワリの種は瓜子児《グワーズル》と呼ばれ貴重な栄養源でもあり、中国人達は手を使わず口の中で器用に舌を使って殻から実を取り出した。口から吐き出す皮が中国人の集まる所ではどこでも地面一面に散らかっていた。月餅や糖胡芦《タンフーロ》というサンザシの実で作ったお菓子などを売る商人もいた。西瓜やマクワ瓜を切り売りしている屋台のそばでは、ぼろぼろのモンペを着た老婆がうつろな表情でうずくまっていて食べ捨てられた西瓜の皮を拾って齧っていた。私達は五、六人でそれら屋台の間をうろうろして、隙を見ては飴などをつかんで逃げた。それを「復讐」といって、中国人に負けた仕返しをするという名目だったが、要するに空腹だったのである。あるとき、恐らく警戒していたに違いないが、盗りそこなって何人かの中国人に追いかけられた。必死で逃げて何とか逃げおおせたが、ひどく恐ろしかったので「復讐」ごっこは止めになった。

日本人男性は「使役」として関東軍の倉庫の物資運搬や整理に交代で狩り出されていた。大人達の話によると軍の倉庫には毛布の類や砂糖その他の食品が山積みになっているということであった。破れた袋からこぼれた砂糖で床が覆われているというような話を聞くと、行ってみようという誘惑には抵抗できなかった。そこで私達の社宅の敷地に隣接した関東軍倉庫に友達数名で忍び込む事にした。鉄条網の下を潜り抜け、ぼうぼうと茂った草の茂みを這って真っ先に行きかけたが、いよいよとなるとしり込みして友達は誰一人ついてこなかった。一人で進むのは怖かったし、かといって強がっていた手前、怖気づいたといって引き返すこともできずとても困ってしまった。しかし、巡回してきた中国軍の兵士が、私達を見つけて空に向かって一発発砲したので結局大急ぎで逃げ帰った。それから間もなく、私達とよく遊んだ近所の別なグループが、やや離れた北の郊外にある関東軍の倉庫から、野戦電話機をいくつも持ち出してきた。電話機の中にある強力な磁石が非常な魅力であった。私達も今度は仲間みんなで出かけたが、めぼしいものは何も残っておらず、結局防毒マスクをめいめい持って帰り、めがね部分を切り抜いてゴーグルを作った。

十月四日に弟の茂が生まれた。私と十歳違いである。母は市川夫人の手助けがとてもありがたかったと感謝していた。しばらくの間、市川夫人が十数名の食事を用意した。

産後落ち着いてから母は知り合いから手製のタバコ巻き器を分けてもらい、コンサイスの辞書の紙を使ってタバコを巻いた。コンサイスの辞書に使われているインデアン紙がタバコの巻紙に適していたのである。葉煙草はどこからか手に入れ、火鉢の灰に突き立っていたヘビースモーカーの父が残した吸殻をほぐしたものを香り付けに使った。クレヨンで簡単な色を塗った箱に十本宛詰めたものを、木箱の蓋に一列に並べ、首にかけた紐でこの蓋を支えた。初めて売りに行くときは母が一緒だった。商品のタバコが十分になかったので、母はトウモロコシの粉を焼いて作った薄いパンをタバコの箱の大きさに切り、セロハンで包んでいっしょに並べた。見た目には焦げ目のついたあざやかな黄色はとてもおいしそうであったが、トウモロコシのほのかな甘さが感じられるだけで、売り物になるとはとても思えなかった。高すぎると言いながら、あてずっぽうに一包み二円ということにした。タバコの売値は五円程度ではなかったかと思う。驚いたことに、立ち売りをしようとする市場に行きつく前に、最初のお客がそのトウモロコシパンをみんな買ってしまった。気の毒に思って、「おいしくないよ」と言ったのにである。そのお客が食べてから高すぎるといって怒ってくるかも知れないと思い、その日は早々に引き揚げてきた。

中国人や日本人でごった返している雑踏の雰囲気が、上野のアメ横にも似た市場まではちょっとした道のりであったが、そこに行く途中で売り切れることもしばしばだった。あるときは中国人の泊まっている旅館に連れて行かれた。だだっ広い旅館の部屋には炕《カン》（オンドル）がしつらえてあって、お客はそれぞれが自分で持ってきた薄い布団にくるまり、ずらりと一列に並んで寝るのである。普段入り込むことのない中国人街の路地を連れて行かれるのは恐ろしかったが、行って見ると皆とても親切で手持ちのタバコは全部売り切れた。しかし、ある日その近くの路上で「全部買う。金を取ってくるからそこで待っていろ。」といわれ、タバコのなくなった空の箱を首からかけて、何時間も待った時には、自分の間抜け振りに腹が立つと同時にとても悔しかった。値切られたりして、売り上げた金額は必ずしも売れた個数に比例しなかったので、私は売上をごまかして買い食いをするようになった。その時食べた肉入りの油餅《ユーピン》などのおいしさは今も忘れられない。

市川夫人は豆腐の行商から戻ると毎日のように火力発電所の裏の「コークス山」にコークスを集めに行っていた。火力発電所の燃焼効率が悪いので、燃え滓の中に相当量のコークスがあったのである。タバコ売りに行かないときには、コークスを集めるのを手伝った。何十人もの人たちがまだ熱い燃え殻の山に群がった。熊手でかき回すと灰がもうもうと立ち込めて、髪や顔が灰色になった。集めたコークスは不足気味な冬の燃料の足しになった。

予想通り、社宅全域が断水になったが、その後の水は水洗便所も含めてすべて井戸頼みとなった。冬になると水汲みは重労働だし、井戸の周りはこぼれた水が凍って円錐状に盛り上がり、身を乗り出してバケツを綱で引き揚げるのは、とても危険であった。市川夫人がもっぱら水汲みを引き受けた。手で下げて運ぶよりはと、家にあったそりを活用しようとしたが、積雪が少ないのでむきだしのアスファルトの上を無理に引っ張ると、そりは一遍で壊れてしまった。ほとんどいつも停電していたが、山下さんが敗戦前に工場で作って分けてくれたカーバイト（アセチレン）ランプは、油を使った灯明皿の灯りに比べるとまぶしいほど明るくて大変助かった。

敗戦直後には出入りしていた中国人のブローカーが品物の買い付けにやってきた。ブローカーは、日本人の間では「ボロマイ」と呼ばれていた。「買破爛児《マイボーラル》！　買破爛児《マイボーラル》！」と大声で触れ歩くからである。最初に売れたのはミシン、壊れていた電蓄と父が大切にしていたレコードのアルバムであった。ＳＰレコードがなぜ人気があるのか不思議だったが、打ち抜いてボタンを作るためであることがまもなくわかった。

後ろの社宅に住んでいる渡辺さんが、市場で古着屋を始めた。初めはそこに母の着物や帯を委託販売したが、やがて勧められて母は私を連れて自分で売り始めた。帯芯は布靴の底に向いているとかで、豪華な絹の帯地よりも人気があった。着物や帯をからだに巻きつけて立っていると、中国人のバイヤーたちが群がって品定めをした。片言の中国語での値段の交渉などで一人に気をとられているうちに、他の着物を別のバイヤー達が盗んでいくので見張りも大変だった。生まれて間もない弟を母は市場まで背負って来ていたが、商売の時には弟は傍らの地面に置いておいた。置く場所が決まっていたので、赤ん坊の顔の半分だけが日に焼けてしまった。敗戦前は日本人が主なお客だったこの市場には日本人相手の貸し本屋もできていて、帰りには吉川英治の三国志を一巻宛借りて帰るのが楽しみだった。

　そのころはソ連軍も引き揚げて国民党の中央政府が統治していた。といっても正規の中央軍が進駐してきたわけではなく、地元の中国人達で臨時に作り上げた政府や光復軍と呼ばれた軍隊だったようである。使えるお金として満州国紙幣、ソ連軍の軍票と中華民国の紙幣が或る時期は共存していた。高額な額面の満州国紙幣やソ連の軍票は突然使えなくなったりしたので、売買は全て小額紙幣で行われた。

　避難して来た開拓団では病気が蔓延した。抵抗力のなくなっている子供達の間で麻疹《はしか》が流行《はや》ってばたばたと死んだ。小児科医の父は毎日あちこちへ治療に出かけていたが、家にも患者がやってきた。手足が箸ほどに細く、お腹だけ膨らんだ栄養失調の幼児がしばしば連れてこられた。「トリアノン」という大変効く薬を見つけられれば、あるいは助かるかもしれないと言われて泣いているお母さんがいた。熱を出した赤ん坊が小鼻をひくひくさせているときは肺炎の恐れがあるということも覚えた。夜患者さんに呼び出されると、父の使いとして街灯一つない暗闇を薬剤師の中内さんの家まで、リンゲル液などさまざまなそこで調合される薬を取りに行った。使役に行った人達が関東軍の倉庫からこっそり持ち出した薬品を父は自分の金を使って買い取っていたが、手持ちの薬品を使っても治療代は一円しか取らないと決めていた。それより多いお金を黙って置いていく患者さんもいたが、父は余分なお金を妹の和子に返しに行かせた。ある夕方開拓団の世話役が、生きた鶏、米などを、治療代を取らない父にお礼として持ってきた。受け取れないと言う父と大声の言い合いになった。はらはらしながらも、肉などは全く食べていないので受け取れば良いのにと思って見ていたが、結局開拓団の世話役はそのまま帰っていった。世話役は、「困っているとはいえ開拓団をそこまで見くびるのか」といって怒っていたのである。あるとき満鉄病院の医者二人がやってきて、父と診療のあり方について長い間かなり激しい口調で話し合った。それから間もなく、どういう形態かはわからないが、日本人会として診療所が開設された。それ以後は私達の食卓にも少しだけ余裕が感じられるようになった。

正月には糯粟で粟餅を作った。作るのに時間がかかったので、夕食に粟餅が出た。この日だけは好きなだけ食べてよいと言われてお腹一杯食べたが、お腹の中の餅が膨れて夜中に苦しくなって寝ていられなくなり、何時間も蒲団の上に座っていた。

厳しい冬がようやく終わり春になった。砂塵を巻き上げて吹き荒れる「蒙古風」もようやくおさまった頃外で遊んでいると、中国兵がやってきて流暢な日本語で話し掛けてきた。悪い共産軍が攻めてくるので、役に立つ物品を提供してほしいというのである。家に案内すると母は露骨にいやな顔をしたが、家にあったアルミ製軍用水筒一個を提供した。二、三日後の夜、銃撃戦の音がすぐ近くでひとしきり聞こえた。翌朝銃声が聞こえた方角の小学校前の公園に行ってみた。大きな鉄筋入りコンクリート土管に銃眼をくりぬいたものがいくつも置かれていて、それには弾丸の跡が一面についていたが、死んでいる人は見かけなかった。進駐してきた八路軍（後の人民解放軍）は規律が正しく、混乱はなかったが、まもなく国民党中央政府の紙幣が使えなくなった。しかし、家ではその紙幣も又使えるようになるかも知れないので大事に取っておいた。藍色のくたびれた軍服に中山帽という鳥打帽に似た形の軍帽をかぶった若い兵士達が「三大規律八項注意」（人民の軍隊として略奪を禁じた規律を歌いこんだもの）などの軍歌を歌って行進をしていた。

同じ棟に住んでいて、後にいっしょに留用された眼科医浜高家《はまたけ》さんの長女安子さんによると、父の発案から始まったのだそうであるが、社宅の一室に寺子屋のような学校が設けられた。幾つかの家で回り持ちの形でこの寺子屋がしばらく継続したこと、本職ではない先生がボランティアで先生役を務めたことを妹の和子ははっきり覚えているが、外に目が向いていたせいか私はこの寺子屋のことは何も覚えていない。和子によるとその頃私は繁分数を習っていたそうである。

美しいライラックの季節も終わり緑が濃さを増す頃、私達の社宅は中国人に接収されることとなり、日本人会の斡旋で私達一家は近くの社宅の六畳一室に引っ越すこととなった。父は市川さんや他の人達の引越しにかかりきりで、我が家の引越しは棟では最後になってしまった。引越しの後に残されるさまざまな物品を物色しようという中国人達がすぐ傍までやってきて、開いた窓から覗き込み隙があれば盗もうとするので怖くもあり、気が気でなかった。生まれてすぐ死んだ上の弟の遺骨がきれいな錦で包まれた小箱に入れてあったが、ちょっとした隙に盗まれてしまった。まだ大量に残っていた大豆や雑穀は運べず置き去りになり、系図、掛け軸の類は、軍刀、白木の鞘に入ったもう一振りの日本刀などと一緒に天井裏に隠したままになってしまった。引っ越した先の新しい住居もまもなく追い立てられ、さらに狭い北社宅の一室にもう一度引っ越した。

夏を迎えて、同居している若い人達がかき氷屋を始めることになった。郊外一面に広がる湿地帯を少し深く掘るとまだ解けずに残っている氷があるので、氷を手に入れるのは簡単だった。リヤカーを改造した屋台に「氷」と染め抜いた古い小さなのぼりを立て、かき氷器やガラスの皿、シロップなどを積んで市場に出かけた。私もついて歩いてかき氷のお相伴にあずかったが、この氷を食べても下痢はしなかった。チチハル近郊には湿地帯が多く、現在では野鳥保護区が設けられていて何種類もの鶴が見られることで有名である。

敗戦一年後の八月十五日には北社宅の空き地で盆踊り大会が開かれた。炭坑節、八木節などが歌われ、哀愁を帯びた「港の灯り、ゆらゆらゆれて……」という「支那の夜」を大人も子供も口ずさんだ。満鉄の人達が集まったその一帯では、ある種の落ち着きさえ出てきていたが、避難してきている開拓団ではチフスが流行して死ぬ人が増えているということだった。山下さん伝授の技術で、父と同居していた人達が協力して、新しい住居にもペチカを作ったが、その頃になって引き揚げの話が急に具体化した。父は山下さんのまだ幼い長男のために薬を都合した。一部が引き揚げ始めあちこちで空家が目立ち始めた頃、病院一セット分の医者、薬剤師、衛生技師、看護婦などが残されることとなり、私達留用組（残されることを「留用」されるといった）は満州国時代の「生必」という会社の社宅に引っ越した。九月末だったと思う。

二　小学校の生活

私は昭和十年（一九三五年）五月五日の端午の節句に満州国撫順市で生まれた。日本が清朝最後の皇帝傅儀《フギ》を担いで満州国を作ったのが三年前の昭和七年である。父は私の生まれる前年に朝鮮京城《ソウル》の日赤病院をやめて満鉄に入社した。撫順《ブジュン》、鞍山《アンザン》、図們《トモン》の各満鉄病院の小児科に勤務した後、私が六歳のときに再び撫順に戻ってきた。撫順ではかねてからの提案が認められて、満鉄最初の保育施設「健民館」を創設することができ、初代館長を務めた。このことは父の戦後の仕事にも大きく影響したようである。

健民館に保母として勤めていた方に古府《ふるこ》先生がいた。女学校、保母養成所を卒業後二十歳前に単身満州に渡ってきた。古い因習に縛られないで活躍したいと考える若い女性には当時の満州は魅力的な土地と考えられていた。先生は慣れない寮生活で健康を害し、一時我が家で家族の一員のようにして暮らした。昭和十六年の冬、祖父の看病の為に朝鮮の京城や大阪へ母が二か月程も行って留守だった時にも、泊り込んで私達兄妹三人の面倒を見てくれた。それから間もなく結婚して姓が福島に変わった。結婚後は東北東部のソ連との国境に近い東寧《トウネイ》で暮らしたが、ご主人は召集され、生後一年の赤ん坊を抱えて敗戦を迎えた。密林の中を一月程逃げ回るうちにお子さんは麻疹から肺炎になり、周りからもう助からないと言われたが、逃避行を続けて偶然通りかかった軍医に手持ち最後のトリアノンを注射してもらい、奇跡的に助かった。なんとか乗り込んだ貨車の中では、蚊に食われて栄養不良の全身が化膿しておできのようになっている所を示して、「スピロヘータ！　スピロヘータ！」と叫んで検問に来たソ連兵から逃れた。別の軍医に教わったのだそうであるが、意味もわからず連呼したこの言葉は梅毒の病原菌の通称である。苦労の末母子ともども昭和二十二年春にようやく郷里の石川県に帰る事ができたが、ご主人はシベリア抑留中亡くなられた。三六五日保育、保育時間の弾力化、乳児保育など働くお母さんの要望を取り入れた個性的な保育所を地域の人達の協力を得て他に先駆けて開設した。又、国際交流など多方面で大いに活躍され、石川県の有名人の一人である。

帰国して一人前になった後も、私達はたびたび福島先生を石川県に訪ねて、いろいろお世話になった。私から見ると、気難しく偏屈で、すべてにおいて要領が悪い父であったが、福島先生によると、当時の父は骨惜しみをせず、時間にこだわらずに優しく診てくれるので、お母さん方には大層人気があったそうである。

幼稚園で習った歌は「どんぐりころころ」以外は何も覚えていないのに、「見よ東海の空明けて…」という愛国行進曲や「…紀元は二千六百年！　ああ一億の胸はなる」という「紀元二千六百年」といった歌を歩きながら歌っていたことは覚えている。太平洋戦争の開始を告げる真珠湾攻撃のラジオの臨時ニュースを聞いたのは、朝、古府先生の世話で幼稚園に出かける直前だった。軍艦マーチと「帝国海軍は、……において米国と戦闘状態に入れり」というアナウンサーの高揚した声が印象的だった。

幼稚園から小学校一年にかけて、母は毎日就眠儀式として本を読んでくれた。岩波文庫の「クオレ」の中にある物語（たとえば有名な「母を尋ねて三千里」はその一つ）や、「バンビの歌」（「バンビ物語」の原作）など高学年を対象にした本を読んでくれたので、読書の面白さを比較的早くから知ることができた。小学校の遠足で見かけた針ねずみを捕まえたくて、学校を通り過ぎてそのままゴルフ場に行ってしまい、親や先生を慌てさせたこともあった。なぜ学校に行かなかったかを大人に説明するのは難しかった。

小学校二年になるときに、父の転勤に伴い、斉々哈爾《チチハル》の小学校に転校した。ある程度の読書力があったためか、すぐ級長に任命された。当時は級長、副級長は選挙ではなく担任の先生が任命したのである。掛け算の九九を習ったときに、順序よく言えば単なる足し算だということに気づいて暗記することをサボったところ、二歳年下の妹和子が先に覚えてしまうという屈辱的状況になった。それにもましていやだったのは、「級長の癖にみっともない」と言われ、居残りをさせられたことだった。体操は苦手中の苦手で、学級の生徒殆どができる鉄棒や跳び箱ができないため、「級長の癖にだめではないか」を先生に連発されて、ひどく傷ついた。四年になったときにも、先生にそう言われ、もらったばかりの級長「任命書」を引き裂いて、先生にむしゃぶりついたことを覚えている。冬になると学校の運動場をリンクにして体操の時間にはスケートをしたが、スケートは人並みに滑れたので三学期の体操の成績は「良上」になることもあった。

紀元節（現在の建国記念日）、天長節（天皇誕生日）といった祝日には、全員講堂に集まり、君が代を斉唱し、校長先生が教育勅語を奉読するのが学校の決まりだった。そういった祝日が近づくと、式の練習が行われた。君が代の歌詞の意味がよくわからないままに「…

…ちよにやちよにさざれ…」というところで（「いしの」と続けずに）息を吸ってしまい、何遍もやり直しをさせられた。

学校の正門脇に奉安殿という天皇陛下の「ご真影」（写真）が納められている小さな社《やしろ》のような建物があった。毎朝そこで礼拝してから教室に入ることになっていたが、なんとなく空々しく感じられ、「拝んだ！」と言って、礼拝を省略して教室に入ることもしばしばだった。しかし、先生はどこかから見ているらしく、殆どの場合ひどく叱られ、改めて拝みに行かされた。

決められたことをごまかそうとしたとはいっても、当時の社会風潮に不満があるなどということでは全くなく、「鬼畜米英」、とか「撃ちてし止まむ」といった標語を素直に信じた標準的な「少国民」の一人だった。「学童」とか「子供」ではなく私達は少国民と呼ばれた。英国戦艦プリンスオブウェールズ、レパルスの撃沈やシンガポール占領に喜び、「加藤隼戦闘隊」や「予科練の歌」を一生懸命歌い、そして山本五十六元帥の戦死には涙を流した。叔父（父の弟）が軍医として召集され、八路軍の待ち伏せに遭って昭和十九年に華北で戦死したが、中国大陸での戦いについてはそれほど強い認識はなかった。アッツ島玉砕、イタリア降伏、ベルリン陥落などなど、四年生の頃には子供の目にも明らかに戦況は傾いていた。満州南部にもB29が飛来するようになり、家のガラス窓には「米」字状に破砕防止の紙が貼られ、社宅の前には防空壕が作られた。また各家庭の菜園では飛行機の代用燃料にするためヒマが植えられ、種子は供出された。配給されるものも次第に少なくなって、菓子の類は殆ど口にできなくなった。箪笥の上に森永で作っていた「マンナ」というビスケットの空き缶が物入れとしてたくさん積み上げられていたが、私にはお菓子がそのような形で売られたことがあるとは信じられなかった。供出した貴金属の見かえりに、ざらめの特配を受けた母が飴を作ろうとしたことがある。一瞬の油断でざらめを焦がしてしまい、母が泣き出してしまった程にざらめは貴重だった。

それでも日本が負けるとは夢にも思わなかった。神国日本は未だかって戦いに敗れたことがなく、いよいよとなれば神風が鎌倉時代の元冦の時と同じように必ず吹くに違いないと本気で信じている人は、大人でも少なくなかったと思う。私も神風を信じてはいたが、米軍をやっつけるには具体的にどのくらいの風が吹けばよいものか台風の来ない満州では想像がつかなかったので、先生に質問した。春先チチハルでは蒙古風と言われる強風が砂塵を巻き上げ吹き荒れるが、この程度の風では敵が全滅などしそうもなかったからである。先生の答えは「そんなことは心配するな。神風は必ず吹く」というあまり意味のないものだったが安心できた。

放課後には、「缶けり」やバッタ（メンコ）で暗くなるまで遊んだ。満鉄の社宅は広い生垣で囲まれた敷地にゆったり建てられていて、それを取り囲む舗装道路には街路樹が茂っていた。社宅の楡の生垣は五月には薄緑の実を一杯つけ、私達の空腹を満たしてくれた。道路でも、庭でも、遊び場所には困らなかった。家に隣接した緑地帯「三角公園」垣根の植え込みには、雀よりひとまわり小さなうす緑色をした小鳥がいた。茂みを伝ってしか飛べない鳥で、休む間を与えずに追い立てると、やがて飛べなくなってアスファルトの上に落ちてしまうのだった。馴らそうと何度も捕まえたが、たいていは捕まえた手の中で死んでしまった。子供新聞にざるを使って雀を捕まえる話が出ていて、そのとおりやってみてもせっかちなためかうまくいかなかった。レンガ二枚を向き合わせて立たせる雀わなを仲間の誰かが思いついた。一枚の倒れるレンガをもう一方のレンガとの間に渡した小枝で支えておくと、撒いた餌を食べた雀は、小枝に止まり、小枝もろともにレンガの下敷きになるのである。レンガの倒れるところに小さな穴を掘っておいたので、雀のほとんどは生け捕りになった。

「ちゃんばら」もよくやった遊びだった。家の物置に重さも長さも手ごろな杖があったので、それを愛用していた。ある時、友達と取り合いになって、力いっぱいひっぱったところ、気がつかなかった所から杖が二つに分かれて、中から短刀が現れた。父も知らなかったようであるが、この杖は先祖伝来の仕込み杖だったのである。先祖伝来といえば、茶の間押入れの天袋の中には、掛け軸のほかに巻物が数本あった。一つは江戸時代の飢饉での餓死者や食人の悲惨な様子を描いたもので、墨でさらさらと描いて所々に朱色が使われていて、非常に気味が悪かった。もう一つは、焼け焦げの痕のある系図で、忍者ごっこに使う巻物には最適だった。しかし、母に見つかりひどく叱られた。

竹は寒い満州には生えないので、割れた物干し竿も貴重品だった。古い竿を切ったり、裂いたりして弓を作った。矢は乾いた細い木だったと思うが、紙の矢羽根を付けた。矢の先には研いだ小さな釘を糸でしっかり縛り付け、那須の与一を気取って的を狙って射たり、狩の真似をしたりした。そんなある日社宅の敷地に兎が現れた。恐らく隣の関東軍の敷地に住んでいたのであろう。皆で追いかけて矢を射かけた。私の射た矢が兎にあたったというより、兎の目の前の土に勢いよく突き刺さると、驚いた兎は動けなくなってしまい取り押さえられた。仲間皆で飼うことにして、同じ棟に住んでいる堀越君の家の空いている鶏小屋に入れて解散したが、翌日見に行くと鶏小屋が空になっていた。堀越君を問いただすと、お父さんが見つけて早速料理してしまったということだった。堀越君は一年年下ではあったが、私より大柄で私の言うことを聞かなくなっていた。その事件の後間もなく気が進まないながら彼と「決闘」をすることとなった。恐らく負けるだろうと思ったが、機先を制して拳骨を振り回したところ、鼻柱にまともにあたり、鼻血が派手に出て私の勝ちとなった。

社宅で向かいの山下さん一家と我が家は非常に親しかった。ご主人は鉄道工場に勤めていて、鉄道の現場には大変顔が利いた。私より二歳年上の玲子ちゃんはとても活発な女の子だったが、彼女と私を季節のよい時には殆ど日曜日ごとに釣に連れて行ってくれた。汽車で駅一つ離れた昂昂渓《コウコウケイ》、もう少し遠い富爾夫拉《フルフラ》といった駅の近くが釣り場だった。釣り場とはいっても、釣りをしている人も多くなく、周りに人家もなかった。昂昂渓の駅から鉄道沿いに一キロ、四キロ、六キロの地点にそれぞれ沼があって、私達は沼をキロ数で区別した。どこもよく釣れたが、中でも「六キロ」の沼は駅から遠いだけによく釣れた。空の無蓋貨車に乗せてもらった時には、そこで列車がちょっと停まってくれるので助かった。原野の中をゆっくり走る貨車からは、慌てて走る雉の一家が見えた。六キロの沼からの帰りは隣の富拉爾基《フラルギ》駅まで鉄道に沿って歩くのであるが、途中嫩江の大きな鉄橋を渡らなくてはならなかった。枕木の間からは渦を巻いている濁った川水がはるか下に見えて恐ろしかった。釣りに行く時には普通の客車に乗ることもあったが、その中には奇妙な車もあった。六人が三人ずつ向かい合って座れるコンパートメントに分かれているのだが、部屋の仕切りも座席も木で作られていて、普通の満鉄車両のようなクッションが座席には全くなかった。帝政ロシアが満州の鉄道を支配していた時代の車両がまだ残っていたのである。山下さんは車掌さんに「やあ、頼むよ」とちょっと声をかけて、私達を貨物列車最後尾の車掌車に乗せてくれることもあった。或る時は、貨物列車に適当な場所がなかったのか、あるいは私のひそかな願いをかなえてくれたのか、機関士に頼んで私と玲子ちゃんを機関車に乗せてくれた。山下さんはどこか別な場所に乗ったのだから、きっと後者に違いない。実際に動き始めると、機関車では石炭をくべる作業の邪魔にならないで居られる場所はとても狭かったし、ボイラーの蓋が石炭をくべるために開くと我慢できないほど熱く、ごうごう燃える音は恐ろしかった。機関車に乗せてもらったり、釣り場で貨物列車に停まってもらったりすることは今の日本ではあり得ないことだろう。列車の乗務員が皆山下さんと顔馴染の日本人だったし、列車の本数も少なかったのでこんな珍しい体験ができたのだと思う。

最も多く釣ったのは沼のフナだったが、湿原を流れる川ではハス（中国名蓮魚《リエンユィ》）という鮎程の大きさの口が大きい魚がたくさん釣れた。川面を餌の蝗《いなご》をつけた竿で流すと、面白いほど飛びついてきた。私の身長ほどの鯰も漁師の仕掛けた網にはかかった。何という民族かは忘れてしまったが、このあたりに住む少数民族はこの鯰の皮で靴を作っていた。ざるに穴のあいた布をかぶせ、餌を入れて沈めておくと、小魚がたくさん取れる。それを餌にして、投げ釣りをすると三〇から四〇センチの鯰や雷魚が釣れた。時にはアメリカのパイクに似ているシウカ（中国語では尖嘴《ジェンゾェ》）という長い頭に鋭い歯を持った銀色の美しい魚も釣れた。私の釣ったものはそれほど大きくなかったが、流れ込む支流の小川に仕掛けた簗《やな》に一メートルもあるような大きなものがかかっているのを見た事がある。ある時沈めたざるを取ろうとしたところ、沼の泥に足を取られて戻れなくなった。おじさんは少し遠くにいたので、玲子ちゃんの助けがなければ助からないところだった。少ない本数の列車が来るのを待つ間、暗くなった鉄道の作業小屋の炉で火を起こし、採ったばかりの菱の実をゆでて食べたこともあった。ゆらゆら影が動く暗闇で山下の小父さんのいろいろな釣りの話を聞くのはとても楽しかった。

山下さんが風呂場の洗面台の下に、水道水が絶えず流れ込むようになった生簀《いけす》を煉瓦で作ってくれた。生きているフナをそこに放しておいて、料理する時は、そこから必要なだけもう一度釣り上げた。から揚げにして酢醤油に漬ける南蛮漬けはなかなかおいしかった。

背丈よりも高く生い茂った草むらでキリギリスを捕まえるのも楽しかった。鳴き声を頼りに忍び寄り、草にとまって鳴いているキリギリスを目の前にすると昂奮で胸がどきどきした。女の子は湿原一面に咲く桜草を摘んだり、私達と一緒に「満州栗」と呼ばれた野生の慈姑《くわい》の球根を探した。道端の砂利の中から瑪瑙《めのう》のかけらを拾うのも女の子の楽しみで、私も一緒になって探した。

外での遊びを長々と書いてきたが本を読むことも嫌いではなかった。同じ棟の上級生や近所の家から、表紙の取れた古い少年クラブや「塙《ばん》団右衛門」、「猿飛佐助」など講談社で出していた少年講談をせっせと借りてきた。何年か前の古い少年クラブに比べるとその頃自分で取っていた少年雑誌はとても薄くて、読むところがなかった。連載から単行本になった佐藤紅緑の「ああ玉杯に花受けて」とか、山中峯太郎の冒険小説とか、また佐々木邦のユーモア小説も借りてきて読んだ。父は何を読めと指図することはなかったが、面白がりそうな本を私の目の届くところに転がしておいた。敗戦を迎える四年の頃には芥川の「蜘蛛の糸」などの短編だとか漱石の「坊ちゃん」等を読んでいた。「大菩薩峠」の後半は訳が判らなかったが、机竜之介も大好きだった。馬琴の「里見八犬伝」は初め取り付きにくかったが、挿入されていた木版画に惹かれて読み始め、間もなく夢中になった。しかし犬塚信乃と犬飼現八の死闘の舞台となる利根川は、想像の中では小汽船が航行できる嫩江ほどの大きさはあったので、後年帰国してから実際の利根川が小さくて水量のないのにがっかりしてしまった。

駅前大通の突き当たりあたりがチチハルの繁華街で、ホテルや映画館があった。その先の嫩江河畔に竜沙《リュウサ》公園があり、立派な鳥居がある神社や忠霊塔が近くにあった。嫩江は大きすぎてそこに釣りに行くことはなかったが、公園やその先の嫩江にはよく遊びに行って、河の流れや停泊している帆船（＝ジャンク）を眺めた。白系ロシア人（ロシア革命を逃れて亡命したロシア人）が経営するチューリン公司《コンス》という百貨店にはカルパスやピクルスなど珍しいロシアの食品が並べられていたので、物がまだ豊富な時代には買い物について行くのは大好きだった。関東軍の中心地であるチチハルの町には刀匠もいて日本刀を打っていたので、父は出征している弟のために日本刀を軍刀に直してもらった。だが受取人が戦死したのでその刀は使われることなく家に戻ってきた。

日本人の経営する商店が主な地域はやがて城門で隔てられた中国人街に連なるのだが、

私達は足を踏み入れることがほとんどなかった。一度配給のズック靴が抽選であたり、それを買うには指定された中国人街の店に行かなくてはならなくなった。ごみごみした市場の中にその店があって、モンペ姿の母と私をじろじろ見る視線で落ち着かなかった。中国人街でひときわ目立つのは棺桶屋だった。分厚い木材を使い、マホガニー色や黒色に塗られてぴかぴかに輝く大きくて立派な棺桶が店先にいくつも並べられていた。余裕のある人達は生前に自分の棺桶を準備するのが当時の風習だった。

中国の満州に住んでいるとはいっても、日本人社会で暮らしている満鉄社員の子供にとって中国は遠い存在だった。日、満、漢、蒙、鮮の「五族協和」を謳った満州国の理念は建前だけで、日本人は支配者として君臨していた。小学校では少なくとも四年生までは中国語を習うこともなかったし、身近にいっしょに遊ぶような中国人の子供は一人もいなかった。街で運搬その他の肉体労働に従事している苦力《クーリー》は皆汚れていて、話をすることなど考えられなかった。西瓜やマクワ瓜を売りに来る農夫達も卑屈な態度で、太々《タイタイ》（奥さん）のご機嫌を取った。たまに中国人の少年が何か用事で社宅の敷地を通りかかることもあったが服装から一目で区別がついた。社宅の近所にある大きな木の上に「基地」を作って別なグループと「戦争」をしていた私達は、パチンコを射掛けて少年を「攻撃」した。もちろん本当に命中させるほど本気ではなかったけれど…。

三　父母のこと

私が中国東北地方で生まれることになった経緯を説明するには、父母の事から始めなくてはならない。

父勤は一九〇五年（明治三八年）に江幡家長男として水戸で生まれた。父によると我が家は元は郡奉行なども務めた水戸藩士で、一族の「本家」であったが、明治維新の混乱で急激に没落した。三十一歳の祖父直の決断で一九一〇年（明治四十三年）に一家を挙げて朝鮮に渡った。日清戦争（一八九四年）、日露戦争（一九〇四年）を経て朝鮮半島から中国、ロシアの勢力を駆逐した新興の帝国主義国家日本が、朝鮮民衆の抵抗を鎮圧して日韓併合を強行したのが丁度この年である。その頃の資格認定がどのように行われたかは分からないが、祖父は独学で裁判所の判事になった。祖母やすとの間には長男である父を筆頭に五男三女が生まれたが、女子は長女ひさを除いて二人は幼い内に死亡した。祖父は大変な酒飲みで、同僚達を家に引き連れて来ては大騒ぎをするので祖母は大変苦しんだが、それを見て育った父は成人しても酒が全く飲めなかった。京城《ケイジョウ》（現在のソウル）に京城帝国大学が設立されるのを待って医学部予科に第一期生として入学したが、それからが父の苦労の始まりだった。深酒がたたったか、祖父は大正十四年四十六歳で死亡した。長男である父は二十歳、長女十八歳、次男十六歳、三男十二歳、四男十歳、五男は五歳だった。口減らしのために四男と五男は養子に出され、父は開業医の家庭に書生兼家庭教師として住みこんだ。その家の家風は大変質素で、煮魚を食べた後は必ず残った骨にお湯をかけて汁にして飲むことになっていた。この習慣は父に引き継がれていて、幼い私も魚を食べ残すのは論外で、最後には皿のお湯を飲まなくてはならなかった。池波正太郎の随筆には「骨湯」が出てきてこのような風習が倹約という観点だけではない事が書かれているが、私を煮魚嫌いにするには十分であった。次男融《とおる》は商業学校を終えると遠縁の親戚を頼って上海に渡った。三男昂《あきら》は中学卒業後父と同様に京城帝大医学部予科に入ったが、質屋で住みこみの書生になった。

第一次世界大戦が大正三年に勃発し、大正六年にロシア十月革命で社会主義国が成立した。そして死者十四万人を出した関東大震災が起こったのが大正十二年である。第一次大戦を通じて日本資本主義は高度成長を遂げ、大戦で余裕がなくなった列強が手を引いたアジア市場を殆ど独占した。高度成長に伴って急増した都市中間層を基盤にデモクラシー運動が花開いた。文学でも志賀直哉、武者小路実篤、永井荷風や谷崎潤一郎などが活躍した。大戦終了後一転日本は不況に陥り、労働争議が続発した。日本共産党が結成されたのは大正十二年の事である。朝鮮では大正八年から一年以上の間朝鮮全土で日本の植民地支配に反対した三・一独立運動が起こっている。この運動は結局軍隊により鎮圧された。

父が二十三歳の時、チフスの流行で母親と二歳年下の妹ひさが立て続けに亡くなった。すっかり気落ちして勉学の意欲を失った父は休学して、水戸の母方の親戚や、いわば裸一貫で福島県中村町に住みついた十一歳年上の叔父の所で厄介になった。この叔父を頼って私達は昭和二十八年に福島県に引き揚げるのである。京城に戻った父は復学を断念して働いていたが、大学の先生に説得されて、苦学しながら通常より四年遅れでなんとか卒業にこぎつけた。

子供の頃釜で炊く御飯にはお焦げが付き物で私の好物だったが、「お焦げ好きとは武士にあるまじきことである」と切腹させられた祖先がいたとかで、お焦げを父の前では食べられなかった。私自身が父から直接聞いた話は、子供が聞いてもこのいささか胡散《うさん》臭いお焦げの話以外余りないが、相馬中村の叔父（正確には私の大叔父）から聞いた事と自分の記憶を合わせると色々面白い想像ができる。江幡家のお守りは徳川最後の将軍慶喜の父斉昭公が手ずから鋳造したという鋳物の五センチにも満たない観音様だった。(斉昭公の事跡からすれば八幡様かもしれないが、母は観音様といっていた。)大切そうに財布に紙に包まれてしまわれていたこの観音様を何度も眺めた記憶があるが、私達が日本に無事帰ったのを見届けて仕事が終わったとでも思ったのか、何時の間にか姿を消してしまった。先祖は斉昭公の馬廻り役を務めていたそうで、家には掛け軸になった藤田東湖の書が幾つか残っていた。叔父が一見何の変哲もなさそうな茶碗を大切そうに見せてくれたことがある。先祖が斉昭公から拝領したものだそうだが、金に困った父は質に入れてしまった。金を工面できない父は流そうとしたのだが、叔父が大金をはたいて請け出したのだった。この茶碗も叔父の死後行方がわからない。叔父の話によると羽振りの良い分家から我が家の系図を抵当に父は借金をしたのだそうである。とんでもない事をすると驚いた叔父が金を工面して分家に掛け合った所、火事に遭い家屋が焼失した際にこの系図も失われたと言われたとの事だった。「立派な家系図なのに惜しい事をした」と叔父は残念がったが、私はチチハルで忍者遊びに使った系図の巻物を思い出した。系図の巻物にも、東湖の掛け軸の一本にも焼け焦げの跡が残っていたのである。叔父にその系図を見た事があるとは言いそびれてしまい、「羽振りの良い家」が何処の誰かも聞きそびれた。父にその話を持ち出して見た事があるが、「くだらない事を聞くな」と一喝された。

母の父新田留次郎は明治六年石川県で生まれた。東京帝国大学工学部を卒業後一時第四高等学校（現在の金沢大学）の教師を務めたが、実家が何かの経済的な困難に直面して、朝鮮総督府の役人になり明治四十年朝鮮に渡った。明治十七年生まれの祖母ときとの間に兄二人と姉が金沢で生まれていた。母は明治四十三年に京城で生まれた。新田家には男四人、女四人の兄妹がいた。祖父は順調に出世街道を歩み、総督府を辞めてからは半官半民の朝鮮鉄道で仕事をした。母が少女の頃住んだ総督府官舎には数十本もの桜があり、敷地内できのこ狩もできた。朝鮮総督の官舎が隣接していた事もあって、総理大臣になった後昭和十一年の二・二六事件で命を落とした斎藤実海軍大将とは親交があった。総理大臣時代には祖父が金沢名産のごり佃煮を歳暮に贈ったが、それには直筆の礼状が来ていた。

祖父母は早くから俳句に興味を持ち、俳句の会を作っていた。当時芋秋と名乗っていた日野草城も父君と一緒にこの会に来ていた。高浜虚子は何回か朝鮮を訪ねているが、その度に祖父の家を訪れている。如氷と号した祖父、松汀女またはときと号した祖母、二三子と本名をそのまま号にした伯母の三人の句は、虚子の編纂した「新歳時記」（三省堂）の昭和九年版に相当な数が掲載されていた。この歳時記は北京を離れて帰国するまで私達の手元にあった。伯母が鉄道に勤める崎山参一郎と結婚した時には虚子から「京城の春一番の花の人」という句を贈られた。伯母の結婚披露宴での主賓は斎藤朝鮮総督だった。祖父が太平洋戦争が始まった昭和十六年十二月末に六十九歳で亡くなった折、浅草東本願寺での告別式で虚子は「大年とともにありたる人なりし」という句を贈った。既に故人であった斎藤実元総理大臣の夫人も当時内大臣だった湯浅倉平の夫人と連れ立って出席して下さったそうである。湯浅倉平は斎藤総督の下で政務総監を務めた。

祖父は朝鮮古陶磁の収集にも熱心だった。朝鮮古陶磁の研究家浅川伯教の協力を得て収集し、陶磁器や絵画・工芸品のかなりのコレクターになった。祖父の死去後祖母は東京へ住まいを移したが、その時持ちかえった収集品が戦後三十年ほど祖母一家の暮らしを支えた。国宝も所持していたが、朝鮮から持ち出せないため博物館に寄付された。アラスカ石油で倒産した総合商社の経営者でもあった収集家が自ら祖母宅を訪ねてまとめて買い付けて行った。

渡鮮に際して新田家の長男宗一は万一を考えて、渡辺家に預けられたが後に養子になった。美術学校入学を志したが許されず、東京に住み安井曽太郎に師事して多くの作品を残したが画を売る必要もなかったので終生アマチュアで通した。その娘、つまり私の従姉である洋子は人形作家及び日本画家として各種展覧会に出品したり、審査員を務めたりして現在活躍中である。跡取息子の次男稔は、中学時代から同人誌を発行したりしていたが、卒業後は映画界に入った。当時東坊城子爵の息子やその妹の入江たか子が映画界に入って世間を騒がせていたので、祖父も仕方なく認めたようである。大島屯、大城竜太郎という芸名で現代劇や時代劇映画に出演したり、監督もした。京城の映画館には芸者達が大城竜太郎に贈った緞帳がかかっていたそうである。敗戦時には満州の新京（現在の長春）にあった映画会社「満映」で監督をしていたが、一九四八年人民解放軍に包囲された蒋介石の中央軍とともに飢え死に寸前までになり、包囲脱出後亡くなった。森繁久弥は満映で後輩だった。長春の包囲作戦は山崎豊子の「大地の子」でも描かれている。母のすぐ下の妹敏は日本女子大に進み、大恋愛の末明治天皇の侍従だった子爵家の次男と結婚した。

母は祖父に似たのか兄妹の中で唯一人数学が得意だったが、祖父に似て近眼が強く、美貌だった祖母や伯母には余り似ていなかった。しかし九〇歳で亡くなる前、母の容貌は晩年の祖母に驚くほど似てきた。母は女子大か東京の女子高等師範（現在の御茶ノ水女子大学）に進みたかったのだが、その時は女子の進学に否定的だった祖母の反対で実現しなかった。母を知る多くの私の知人は今も母が女高師出身だと思っているようである。実際母は私が高校生の頃でも幾何の証明問題では良い競争相手だったし、小学校や中学校の頃私達子供に算数や代数を教えてくれた。八十歳前後にNHK通信教育の高校数学を二度も履修した。女学校を卒業した後は家で末の妹尚子のピアノ練習に付き合ったり、外国人牧師に英会話を習ったりしていた。

尚子叔母はピアノが上手で、京城の放送局で度々演奏したそうである。祖母と一緒に写っている若い頃の大変美しい写真が残っている。戦後は結婚せずに祖母と孤児になった四人の甥、姪の面倒を見たが、生活費の出所は祖父の集めた骨董だった。殆ど売り尽くしてしまった後も最後まで出入りの骨董屋に預けたままになっている品物がその内に高く売れるに違いないと思っていた。祖母の死後十年程経って亡くなった。現実感覚に欠けている叔母を姉弟が支えた。東大で助手をしていた時、私は祖母の家を何度か訪ねたが、祖母は豊かだった時代のままに歓待してくれた。私は眉根にしわを寄せて無口な尚子叔母に笑ってもらおうと一生懸命になった。めったに成功しなかったが、にこっと笑った時の笑顔は昔のままで素晴らしく美しかった。

父と母は見合い結婚である。結婚式は昭和八年京城で一番と言われた朝鮮ホテルで行われた。披露宴の主賓は朝鮮銀行総裁だった。宴席には二百人の出席者があったが、父方からは三十名程度が出席した。祖父のコレクションを助けた浅川伯教は自分で焼いた火鉢をお祝いに贈ってくれた。新田家というか祖母は母の結婚相手にそこそこの家柄と姑のいない事を求めた。父はその条件にはぴったりの筈であったが、いざ結婚してみると幼くして母を亡くした弟二人が入り浸ったので随分驚いた。父にその事を言うと、仲人は父に嫁さんは女中付きで来ると言っていたのでお互い様だと言ったそうである。結婚当初父は京城の日赤病院に勤めていたが、在学中の弟昂の学資を出すには給与が不充分だったので昭和九年に満鉄に入社して撫順の満鉄病院に赴任した。結婚に際して父は祖父の代から残っていた借金も清算してもらったが、この時に「系図」の巻物が戻ったのかもしれない。

日露戦争の結果それまで中国東北地方を権益圏にしていたロシアから長春、旅順間の鉄道や撫順炭坑などの経営権を日本が獲得したが、その運用のために一九〇六年（明治三十九年）南満州鉄道株式会社（略称満鉄）が作られた。初代総裁は後藤新平である。満鉄は鞍山の製鉄所なども経営して中国東北地方の経済を支配する巨大コンツェルンを形成した。一九二〇年代に中国で民族運動が高まり、軍閥張学良は中央政府の支援の下満鉄を含む日本利権の回収を図ったが、一九三一年（昭和六年）九月十八日に関東軍が起こした満州事変の結果、満鉄は東北地方全体の鉄道を掌握した。満鉄には植民地経営を研究する目的で調査部が置かれたが、調査の手法に一部マルクス経済学の手法も取り入れた事もあり、左翼に対する弾圧のために日本内地で居所を失った進歩的学者が少なからず勤めていた。一九四五年の敗戦時には、満鉄の規模は従業員三十万人、関連会社五十社に達していた。中国東北部を完全な植民地にしようとする日本の長期的国策に沿って満鉄は運営されていたので、社宅などの施設は大変贅沢に作られた。広い車道には並木のある歩道が設けられ、地域暖房によるセントラルヒーティングが実施されている地域も少なくなかった。近年都市郊外で開発されている住宅団地の敷地を何倍か広くすれば満鉄社宅の雰囲気が想像できるかもしれない。

父が満鉄に入社した昭和初頭は日本も世界も激動の時代だった。第一次大戦後の不況に関東大震災が追い討ちをかけ、昭和二年には植民地経営の中枢であった台湾銀行が危機に瀕する金融恐慌が起こった。昭和四年（一九二九年）に世界を襲った大恐慌は日本にも深刻な影響を及ぼし、都市には失業者が溢れ、農村では娘の身売りや食料不足の結果食事をとれない欠食児童が社会問題になった。労働争議や小作争議が続発し、左翼取締りのため治安維持法が改訂され、思想犯を取り締まる特高の網が全国に張り巡らされた。満州事変はこのような危機的状況を打開するために関東軍によって引き起こされたのである。昭和六年には清朝最後の皇帝傅儀を利用して満州国をでっち上げ、この事を巡り米英等の列強と対立した日本は同年国際連盟を脱退した。私の生まれる前年の昭和九年に執政だった傅儀は満州国皇帝に即位したが、この頃から開拓団の満州への入植が本格化した。疲弊した日本の農村を救い、一戸あたりの耕地面積を増やすために計画的に分村移民が行われた。又、十六から十九歳の少年による満蒙開拓少年義勇軍も大量に送り込まれた。これら開拓団は対ソ防衛という観点もあり、ソ連国境近くに多く配置され、武装もしていた。開拓団は未開地というよりは、既墾地を強制収用して入植する事が多かったので、現地農民の怨嗟《えんさ》の的だった。敗戦時に多くの開拓団が周囲の中国人から襲撃されたのはそのためである。敗戦時には約二十七万人が開拓団として入植していた。

撫順に赴任して間もなく、自由貿易港大連に出張する同僚に頼んで父はアメリカＲＣＡビクター製の当時としては大変高価な電蓄（ラジオと電気蓄音機が一緒になったものを電蓄と言った）とカメラを買って来てもらった。払いきれなかった母は実家に泣きついた。福島県の叔父から一度だけ緊急の金策依頼があったが、その時も実家に頼んだそうである。その頃奉天（沈陽）に居た融叔父と京城の大学に行っている昂叔父が正月には撫順の家に集まり、父と赤ん坊の私を抱いた母の四人で麻雀に熱中した。昂叔父は大学を出ると婦人科の医者になったが召集され、昭和十九年北京近くで八路軍の襲撃に遭い戦死した。未亡人は娘寿子を連れて広島県の実家へ帰ったが、小学校のピアノを借りて娘に音楽を教育した。寿子は成長して、鳥井賞（現在のサントリー音楽賞）や芸術祭大賞を獲得したソプラノ歌手常森寿子になった。

昭和十一年二月二十六日いわゆる二・二六事件が起こり、決起した青年将校等によって、内大臣斎藤実、蔵相高橋是清等が殺害された。その後日本は坂道を転がるように敗戦への道を急いだのだった。翌昭和十二年七月七日には盧溝橋事件を契機に日本軍は北京、天津を占領し、中国との全面戦争に突入した。日本軍は地域的には南京、武漢、広東など広大な地域を占領はしたが、八路軍などの遊撃戦に悩まされ、点である都市とそれを結ぶ交通線の確保が精一杯だった。泥沼に足を取られた状態で、昭和十六年十二月八日、日本は米、英、オランダ、オーストラリア等の国々との戦争に突入した。最初の半年程は景気が良かったが、十七年六月のミッドウェー海戦以降は後退一方になった。制空権を完全に失い、日本全土の主要都市は破壊され、朝鮮、満州までも爆撃された。昭和二十年四月には沖縄に米軍が上陸し、多くの県民が犠牲になった。学校では景気の良い大戦果を伝える軍艦マーチが次第に聞かれなくなり、玉砕を伝える沈鬱な「海行かば水漬く屍、山行かば草むす屍、大君の辺にこそ死なめ、かえりみはせじ」という歌が絶えず流れ、私達生徒はその度に黙禱をした。時の政府指導者は本土決戦による「一億玉砕」を唱えていた。

昭和二十年の春休みだったと思うが、母と私達子供三人はチチハルから留学中の父に会いに京城まで旅行した。満州国首都の新京（長春）で乗り換えだったので駅食堂に行った。長蛇の列に並んでようやく食事にありついたが、おいしそうな肉の塊に見えた皿の料理は、凍ってしまった大根を煮付けたもので、がりがりで食べられなかった。遠くから見ると実においしそうなパンも歯が立たないほど硬かった。当時汽車の切符以外に旅行が必要である事を証明する文書が必要なのに私達は持っていなかった。検札に来た軍服姿の車掌は居丈高になって切符の入手先を言わせようとした。母がしぶしぶ朝鮮の鉄道で働く義兄の名を出すと車掌は切符を持って引き揚げたが、しばらくして戻ってきて丁重に返してくれた。

付記

知人の歴史家馬場重樹氏が茨城県図書館を訪れてまとめられた「ある江幡家について」によると江幡定衛門道禮家が祖先にあたるようである。道禮は郡奉行の下の郡方を勤めた。

その息定彦は「床机廻り」を命じられ、藩主の警護にあたった。長男松太郎は早世と記録されているが、常磐墓地の我が家の墓地には松翁の墓がある。道禮の一族は明治元年で男系は絶えたとされている。

第二章――新中国とともに

一　訥《ノン》河《ホ》

昭和二十一年（一九四六年）九月末、大部分の日本人が帰国する中、私達留用された病院関係者は満州時代の会社「生必」の社宅に引っ越した。「生必」という妙な名は、「生活必需品××会社」の略称だと思うが、何を扱った会社かはわからない。これまでの一間だけの生活から久しぶりに一戸分の面積に住めることになった。何人かいる小児科医の中で、形式的にはチチハル病院の医者ではなくなっていた父になぜ白羽の矢が立ったのか、私には不思議に思われる。あるいは、父の理想主義的というか頑固な潔癖さが災いして、割の合わない役回りを押し付けられたのではないかと思うこともある。日本に帰るにも頼れる親戚がいなかったので自発的に残ったということも考えられなくはない。小児科医で自分だけ残されたことに関しての父の愚痴を聞いたことは一度もなかったので、父亡き今は確かめようもない。誰が残るか、医者同士で深刻な話し合いがあったはずだが、母に聞いてもその辺りの事情ははっきりしない。

生必社宅には他に内科の久保先生、外科の溝手先生、皮膚科の遠山先生、耳鼻科の早川先生、眼科の浜高家先生、歯科の安藤先生、薬剤師の中内さん、山本さん、滝川さん、衛生技師の岡田さんがそれぞれの家族と共に越してきた。浜高家さんは以前社宅の同じ棟に住んでいたので顔なじみであった。

早川さんは唯一人市立病院のお医者さんだった。たまたま満鉄病院の耳鼻科医が召集され欠員だったので白羽の矢が立ったのである。帰りたかった早川さんは開拓団の一団の中に紛れ込んで引き揚げ列車に乗り込んだのだが、「逃亡」を知った八路軍は早川先生が名乗り出ない限り引き揚げ列車の発車を認めなかったので、仕方なく残る事になった。早川さんは大きくて黒いシェパードを飼っていたが、この犬はロシア兵に撃たれたために片方の前足をいつも引きずって居た。元々は早川さんと親しい、日本に引き揚げた洋品店の飼い犬だったのだが空家になった洋品店の石炭貯蔵庫に頑張っていて、近くの市営住宅に住む早川夫人にはなつく気配を見せなかった。しかし「生必」に越すので「出てこないとお別れだよ」という早川夫人の言葉が分かったのか、引越しに足を引きずりながらついて来たのだった。玄関の土間に寝そべっていて、見知らない人が来ると猛然と吠え掛かった。八路軍の高位の幹部が、早川先生に診察してもらうため当番兵を迎えに寄越すことがあったが、当番兵は来る度に腰のモーゼル拳銃を引き抜いて犬が向かってくれば発砲しようと身構えた。

生必の社宅は、「コ」の字状の二階建てでかなり大きな建物だったので、我々が入ってもまだたくさんの空き部屋があった。その空き部屋のいくつかを利用して、残留日本人の子供達のため学校が設けられることになった。略奪にあって荒れ果てていた建物の「コ」の字の縦棒部分に机や黒板が運び込まれた。私も嬉しくて、実際は邪魔になっただけだったろうが、物を運ぶ手伝いをした。私は五年生だったが、授業が実際行われたのかどうか、生徒数がどれだけだったのかなどは覚えていない。遊び仲間の名前と顔はある程度記憶にあるので、多少の授業は行われたに違いない。

十月下旬のある日、学校を終わって家に帰ると引越しだと告げられた。出発は二日後ということだった。蒋介石率いる国民党中央軍が攻勢に出て本格的内戦が始まったのである。遊撃戦が得意な八路軍は、敵の攻撃に正面から対抗せずに、辺境で敵の隙をうかがう作戦を取った。初めて聞く北の「嫩江《ノンコウ》」(ノンジャン)が目的地だった。出発直前になって、患者である高級幹部の希望で耳鼻科の早川先生一家はチチハルに残留することになった。帰国する日本人から貰って少し増えていた家財道具はそのまま捨てられることとなり、我が家の人間ともどもで二台の大車《ダーチョー》と呼ばれる馬車に載せられるだけに整理された。もともと満州国時代に嫩江の遥か北方まで鉄道は敷設されていたのだが、ソ連との戦争に備えて日本の手によってレールが撤去されていた。旅行初日は富裕《フユウ》(寧年《ネイネン》)まで列車、その後は馬車で、拉哈《ラハ》での泊まりになった。土塀で囲まれた中国式の旅館に泊まることになったのだが、何かの手違いで夕食がひどく遅れた。文句を言う私を父がたしなめたが、それに反抗する私と激しい言い合いになった。私は行きがかりで「そんなにうるさく言うなら、ここから出て行く」と宣言したが、その時は父が本気で怒った。高い土塀を張り巡らした旅館の門の所で、追いついた父ともみあいになり本格的に殴られた。もともと本当に飛び出すつもりはなかったし、父が心から心配していることも分かっていたので、外でしばらく泣いた後部屋に戻った。電灯が全くない夜空はものすごいほど星がたくさん輝いていて、流れ星が次々と飛んだ。

翌日から荷馬車、大車での本格的な旅が始まった。二頭の騾馬《ラバ》が馬車を引いた。柳行李や布団袋で囲んだ荷台のくぼみに私達は座ったが、風が吹くとひどく寒かった。大家族の浜高家さんの長男で中学生の昭三さんも私と一緒の馬車だった。昭三さんは余り丈夫ではなかったが、二年後腸チフスで亡くなった。鉄箍《たが》のついた木製車輪をつけた荷馬車の速度は極めてのんびりしていて、小用に降りても簡単に追いつくことができた。なだらかな起伏の一面の枯れ果てた荒野の中を埃っぽい土道がどこまでもうねうねと続いていた。高みに来ると後続の馬車がほこりを上げながら延々と続いているのを見渡すことができた。時折護衛の兵士が馬に乗って追い越して行った。

緯度が高いので、この辺りでは昼を過ぎると間もなく太陽は傾き始めた。太陽が低くなり心細くなり始めた頃、はるか地平線にぽつんと人家が一軒見え、まわりに数本の樹木が茂っていた。そこが宿泊する宿屋だった。土の塀で囲まれた中庭には、豚や鶏、アヒルが放し飼いになっていた。騾馬は馬車からはずされ、馬車の荷物は全部部屋に持ち込まれた。部屋の炕《カン》（＝オンドル）の焚口では羊草という人の背丈ほどもある柔らかいイグサのような草が勢い良く燃えていた。オンドル上の高粱の皮を編んだ敷物、アンペラの下にも一面羊草が敷かれていた。翌日出発前になって大変困った。便所がなかったのである。塀の外の原野で用を足せば良いという忠告に従ったが、放し飼いの豚が後ろについてきて、排便するかしないかの内に食べてしまうので、とても落ち着いた気分にはなれなかった。

訥河《ノンホ》という県政府所在地が次の宿泊地であった。中国語ではナーホと発音するのが正しいのだが、日本人間では普通「ノンホ」と言われていた。県といっても日本とは違っていて、もし中国の「省」を日本の県に対応させると、それより一つ下の郡にでも相当するのかもしれない。人家はかなりあり、煉瓦造りの県政府の建物があったが、道路はどこも舗装されないままであった。「県政府」というのは、たとえば市役所のようなものであるが、日本の役所と違うのは武装した衛兵が立っていることだった。子供を診てほしいという迎えが来て父は往診に出かけたが、結局親である訥河在住の幹部の強い希望で私達一家は訥河の病院に残されることとなった。歯科医の安藤さん一家も同じように訥河に残った。嫩江への旅を続ける人達と別れを告げて、その日の内に病院の宿舎に移った。外科医の溝手先生一家が一足先に訥河に到着していた。病院には留用された二十人程の看護婦さん達も既に到着していた。その中にチチハル満鉄病院小児科に勤務していて顔見知りの若くてきれいな看護婦さんもいたので、ひどく安心した。

落ち着くと間もなく冬の軍服が支給された。色は今の人民解放軍の軍服と同じ緑色だったと思う。子供用の軍服も小さいながら大人と同じ造りだった。当時の八路軍には「小八路《シャオバールー》」

とか「小鬼《シャオグィ》」と呼ばれる少年というか子供の兵士も少なくなかった。孤児や軍幹部の子供が軍と行動を共にしていてさまざまな雑用をこなしていたのである。軍服は綿入れで、帽子の耳隠しには犬の毛皮が使われていた。私の帽子はぶち犬の毛皮だった。軍服のズボンには、前空き部分が無く、ベルトを通す紐もなかった。中国人は、たくし上げて、布の帯紐で上手に縛っていたが、慣れないと綿がなじんでいないごわごわしたズボンはすぐずり落ちた。私達子供には、内側に犬の毛皮を張った防寒用の革靴が足の大きさに合わせて作られた。

暖房は主としてストーブだった。部屋に炕《カン》もしつらえてはあったが、造りが悪く煙が隙間から室内に吹き出してきて使いものにならなかった。取り外された鉄道の枕木と豆粕が燃料だった。青年隊と呼ばれる日本人男性の若者数十人も病院周辺で働いていた。青年隊の青年たちが交替でのこぎりと大きな斧を使って枕木を燃やせる大きさにしてくれた。規制があるのか、誘われても私達の家に来て話し込むことも、仕事をしている周りでうろうろしている私と親しく口を利くこともなかった。豆粕は大豆油を絞るときにできるもので、押しつぶされた大豆が直径六〇センチ、厚さ一五センチ位の円盤状に固められていた。青年隊の人が運んで来てくれたものをなたで適当な大きさに砕いて燃やした。豆粕は、燃料にもおやつにもなった。小さなかけらをストーブの上で焼いて食べると香ばしくておいしかった。真冬になると、ストーブが消えた朝には室内が氷点下に下がり、もぐって寝た布団には吐く息でできた霜がついた。共同の便所は簡単な囲いの中に、枕木を平行に並べただけのものだった。凍った便が次第に盛り上がって使用できなくなると、つるはしで砕いて「掃除」したが、それも青年隊の仕事であった。バイオリンが上手な溝手先生は寒さを嫌って、私が遊びに行っていてもお構いなしに見通しのよい部屋の中でおまるを使っていた。

この冬には数度ほど街の公衆浴場に行く機会があった。当時の中国人には、入浴の習慣が無く、年に数回浴場に行くかどうか、あとは体を拭くだけであった。通常私達は洋式のバスタブがしつらえてある個室で入浴できるのだが、一度私は父と大きな共同の浴槽に案内されたことがある。円形の浴槽に入っていると、一緒に入っている兵隊が次々に近づいて身体に触ろうとするので、気味が悪かったし、落ち着かなかった。帰りは手に下げたタオルがすぐにカチカチに凍って、棍棒のようになった。

訥河の冬は本当に寒かった。私達三軒の日本人家族が居住している建物は、兵隊達の居住している建物と隣接していた。それらの平屋建物が小さな広場を囲むように建っていたのだが、凍ったため広場の地面には縦横に複雑な亀裂が入った。年間降雨量が五百ミリ程度なので、雪は全くなかった。母の縫った綿入れで着膨れているせいで弟は歩き出すのが少し遅れていたが、二月頃ようやく歩き出した。よちよち歩くと穿いている布靴ごと地面の割れ目に足が入ってころんでしまうのだった。市場では牛乳を洗面器に入れて凍らせた物を、荒縄で縛って売っていた。

同じ敷地に住む八路軍の兵士達とは殆ど没交渉であったが、九歳の妹和子がある兵士に気に入られて、母は困っていた。再三嫁にくれと言うのである。その頃の中国には「童養媳《トンヤンシー》」と言って、子供の内に嫁に貰う風習があったので冗談では済まされなかった。幼女を成人になるまで養育して結婚するのである。日本語の判る中国人のお医者さんに当方にはその意思がないことを伝えてもらった。

最初の頃は兵隊達と食堂で一緒に食べたが、その内にはもらってきて自分の家で食べるようになった。というのは、父は幹部待遇で、主食は小麦粉か白米であるのに対して、私達家族は兵士待遇で、トウモロコシが主食で、副食も肉入りとなしの違いがあったからである。食べる人が少ない幹部食は小さな鍋で調理されるので「小鍋飯《シャオグォファン》」と言われ、私達の物は「大鍋飯《タイグォファン》」と言われた。幹部食は病院の入院患者の調理場で調理された。従兵の小八路が私と同じように、食器を持って受け取りに来ていた。トウモロコシの粉で作った蒸しパン窩頭《ウォトウ》や、トウモロコシの粒を二つ、三つに砕いただけのものを炊いたご飯は最後まで好きになれなかったが、トウモロコシの粥は、自然な甘味があり慣れるにしたがって好きになった。大鍋飯の副食は連日白菜か、短冊または銀杏に切ったジャガイモを煮たものだった。豚の黒い毛が少し残った皮つきの脂身が申し訳程度入っているだけで、後は日替わりで生の豆腐か、凍らせた豆腐が入っていた。このおかずは慣れないうちは食べられないほど唐辛子で辛かった。これらのジャガイモや白菜は凍らないように食堂前に地下深く掘られた室《むろ》に蓄えられていた。私達は日に二度鍋を持って、二つの調理場に食事を貰いに行った。一般兵士向けの食堂ではガチョウが何羽も飼われていて、鳴きたてながら子供を追いかけてくるので、食事を貰いに行くのも結構大変だった。父は歯が悪かったので、兵隊食には耐えられなかったが、父一人では食べきれないほどの量があったので、子供達も少し幹部食の分け前にあずかった。旧正月の春節だけは一転して、一日限りではあったが大盤振る舞いになって食べきれないほどの肉料理が供された。とても運び切れないので、私達も食堂で食べた。普段食堂周りを放し飼いの状態で飼育されていた豚がその材料となった。看護婦さん達とはよく食堂で顔を合わせたが、青年隊の人達は所属する部署（単位）が異なると見えて一緒にはならなかった。

幹部食を作る厨房の後ろは野犬のたむろする空き地を隔てて輸送隊の車庫になっていた。当時のトラックはすべて木炭を燃料にしていたので、朝食を取りに行く頃そのあたりはもうもうと煙が立ち込めていた。木炭に火を付け、エンジンが働くのに十分な一酸化炭素を発生させるため、運転手が一斉に手回しの送風機を動かしていたのである。運転手の何人かは日本人の青年だった。

五味川純平の「人間の条件」や山崎豊子の「大地の子」は、戦後の満州での混乱をよく描いていると思うが、一つだけ不満がある。それは野犬の描写がないことである。訥河の街にも数十頭の野犬の群れが住みついていた。群れが一団となって街の中を移動する様は壮観だった。私達の食べ残しは食堂で飼育している豚の餌にするため、食堂にあるドラム缶に空けることになっていた。貰ってくる兵隊食の量はとても多く、私達は半分も食べきれなかったので、私はその残飯を使って空き地にたむろする野犬を手なずけることにした。まず最も大型のリーダー格の野犬を手なずけ、ポチと名づけた。それに引き続いてその群れから、額に富士山の形の白い斑点のあるフジ、若い犬チビを手なずけた。どの犬も大きくて、私が跨って歩くことができた。この三頭は群れから離れて、家の前で日向ぼっこをするようになって、遊びに行く私の後をいつもついて来た。

学校がなく、持ってきた本も虚子編の歳時記一冊しかなかったので、仕方なく季語についての解説をランダムに読んだ。母に質問すると、それを契機に昔のよき時代の話を聞くことができた。いろいろ高尚な話もあったが、話の中で印象が深かったのは、昔喫茶店では砂糖を入れたいだけ自分で入れたという話だった。母に勧められて俳句も作ってみた。今も覚えている自作の句は「引越しの後に残れる炭一つ」という句である。訥河で一度住む部屋が変わった時の印象を詠んだものである。退屈紛れに雑記帖に「お話」を書いていた。父が見つけて、「この話は自分で作ったのか」と聞いた。感心したことは顔の表情でわかったが、それからは見られるという意識が強く働いて、わが習作はそれ以上進展しなかった。

春の気配が感じられるようになった頃、県政府の隣の小学校に入れてもらうことになった。中国語は全くわからないので、私は三年生、妹二人は一年生になった。教科書はなかったと思う。「労働者と農民は二人の兄弟だ。あなたは物を作って私に使わせてくれ、私はあなたに食べ物をあげる」というのが、国語のテキストで、ノートの他に石板を使って書いたような気がする。独特の節で、皆で声を張り上げてお経でも読むように朗読した。歌を習ったが、意味がわからないまま発音だけ覚えた。後々中国語がわかるようになってから、その歌を再構成すると、一丁の銃と三発の手榴弾をもった三人の生き残り遊撃隊員が、日本軍に大打撃を与えたという意味の歌詞だった。言葉がわからないというのは大変苦痛なもので、周りが平均して年下にもかかわらず、授業中に尿意を催しても申し出ることができなかった。綿入れのズボンは一冬の間はきつづけで、少しずつこぼした小便のおかげで臭くなっていたが、びしょぬれの感じと先生の哀れむような顔つきは、今も思い出したくないものの一つである。

暖かくなると、日溜りで兵士達は上半身裸になって虱退治に精を出していた。魯迅の阿Q正伝に出てくる虱退治というのは、こんなことをするのかと感心して見物していたが、間もなく私達も虱に悩ませられることとなった。洗濯の度に母は金だらいで下着を煮て、縫い目にぎっしりついた卵ともども退治しようとしたが、以後帰国まで虱との縁は切れることがなかった。

小学校に一月か二月程通った頃、八路軍が反撃に転じ、私達は再びチチハルに戻ることになった。五月始めだったと思う。三匹の犬、特にチビがずいぶん遠くまでついてきた。帰りも、来る時と同じような馬車の旅だったが、季節のせいでうきうきした気分になった。あるところでは、銀色の産毛に包まれ俯いた翁草の花が原野一面を覆い尽くしていたが、その光景は今思い出しても夢のように美しい眺めだった。

二　再びチチハルで

一九四七年春再びチチハルに戻った日本人病院関係者は、旧満鉄病院のすぐ南にある北斗寮に集められた。北斗寮は以前満鉄の独身寮であった。部屋の間の壁を打ち抜いて通路を設け、六畳三部屋が二家族に割り当てられた。二軒が共用した部屋は、台所兼食堂に使われた。この建物は鉄筋が入った煉瓦の二階建てで、東側三分の一ほどはソ連の飛行機が落とした爆弾の直撃にあって崩れ落ち、二階の床がぐにゃりと地面まで垂れ下がっていた。私が目撃したあの飛行機による爆撃である。発電所とはあまり離れていないので、発電所を狙ったのかもしれない。この廃墟部分は子供達の絶好の遊び場になった。一階は荒れたままで、二階だけが手を入れて住めるようになった。広い、かってはバレーコートや軟式テニスコートの有った中庭を挟んでやはり元寮だった大きな建物がもう一棟建っていて、そこには八路軍の病院関係者が住んでいた。中庭には例によって厨房に付随した豚の飼育場が設けられていた。豚は囲いから時折出してもらい、中庭を我が物顔に歩きまわった。豚の飼育係は私が訥河で飼っていた犬よりも更に大きな犬を一頭飼っていて、豚を囲いに追い入れる牧豚犬の役割をさせていた。

北斗寮一階で荒れ果てたまま放置されていた厨房と隣接するボイラー室は豚、時には牛の屠殺に使われた。すさまじい叫喚の後人気のなくなった厨房にこっそり入り込むと、水で洗ってはあっても大きな血溜まりの痕が残り、空気が生臭かった。

八路軍はその頃名称を人民解放軍と改めた。張学良が蒋介石を監禁して抗日を迫るという西安事件（一九三七年）以来、国民党中央政府軍の一部に形式的に編入された中国共産党の軍隊、紅軍に与えられた名称なので、全面対決となったこの時点では八路軍という名前はもはや適切でなくなったのである。

日本人の学校は、日本人だけが集まって住む青雲寮と呼ばれた平屋建ての建物に開設されていた。私達の北斗寮の南側、歩いて七、八分のところにあった。駅からも同じ位の距離だった。この青雲寮には、学校の先生も住んでいたが、さまざまな理由で帰りそびれた人達が集まっていた。ソ連に連行されたご主人がチチハルに戻ってくるのを母子で待つ事にした家族もいた。南北に伸びる狭い廊下の両側に部屋が並ぶ作りなので、天井の低い廊下は暗く、建物全体が陰鬱な印象を与えた。狭い運動場に面した西側の銃撃か何かで破壊されていた一部屋が学校の入り口に転用されていた。当初、二部屋ほどをぶち抜いて作られた教室では三グループの授業が行われていた。一、二、三年生のグループ、四、五年生のグループと中等部である。間もなく生徒数が増えたので、中等部は別室に移った。

私は年齢的には六年生になっていたが、これまで学校に六年生が居なかったのと、新しくクラスを設ける余裕も無いという理由で、編入当初は五年生として扱われた。先ず気づいたのは私がチチハルを離れた半年程で何人かの友達がいなくなったことだった。青雲寮に住んでいた藤本君という私くらいの男の子や日本人のために設立された民主新聞社で育てられていた孤児の姉妹などである。粟粒結核が蔓延しているとのことであった。化学療法が知られていない当時粟粒結核は子供が罹りやすく、罹ればまず助からない病気だった。

その頃の或る夜、私は風邪で熱を出して寝ていた。学校の山口先生が父を訪ねてきた。聞くとはなしに聞いた隣の部屋での二人の話は、青雲寮に住む苅野君についてであった。開拓団員だった苅野君の一家は引き揚げが終了したその頃になってようやくチチハルにたどり着いたのである。学年は下だったが苅野君は私より二、三歳年上で、すばしこく喧嘩も強く、私は圧倒されていたのだが、この数日は急に元気がなくなっていたのだった。相談は、ご両親を相次いで亡くして孤児になった茹野君の今後についてだった。大変興奮して私は父に茹野君を引き取るように迫ったが、取り合ってもらえなかった。興奮も手伝ってか高い熱が出て何日か休んでしまったが、学校に出てみると茹野君の姿が見えなかった。どうしてか理由は分からないが、私は茹野君も死んだと思い込んでしまった。しかし、数年前にお元気な姿に接する機会があり大変驚いた。孤児になった後、茹野君は橋本先生が開設した民間の医院、民生医院で働いたのだそうである。

青雲寮に隣接する平屋には、民生医院院長の橋本先生、事務長の池田さん、それに小学校の小宮先生が住んでいられたような気がする。小宮先生は、敗戦前は札蘭屯《ジャラントン》というチチハルから少し西の街で小学校の校長先生をされていた方で、残留日本人の数が多いのを見て自発的に残られたのだそうである。奥様も先生で低学年を担当された。お子さんも三人ほど一緒だったが、その一人で私より一年年長の紀元君とは親友になった。

間もなく私は一人中等部に飛び級となった。思い出せる中等部の同級生には、小宮君、清末君、外園君、早川さん、浜高家さん、尾澤さん、松本さんがいる。しばらく来ていたが、すぐ姿が見えなくなった何人かの生徒もいたように思う。華やかでまぶしかった橋本院長のお嬢さんや、確か佐々木さんといった、敗戦時に既に女学生、中学生だった人達も一時一緒に机を並べて、私達と別な内容を勉強していた。間もなくそのクラスは無くなり、私達が最高学年になった。

満州映画、通称「満映」という満州唯一の映画製作会社で脚本関係の仕事をされていたという島本先生が国語を教えた。ガリ版刷りの教科書には、長塚節の「土」の一部、スメドレー「中国の赤い星」から採った長征でのエピソードなどがあった。テキストに関連して長野の農村の暮らしぶりなどを話してくださったが、パイプをくゆらせながらのゆっくりした語り口はまだ行ったことの無い日本への想像と憧れを呼び起こすものだった。たくさん伺った話の中で、国語とは関係無くとも印象的だったのは、「日本の残った飛行機何機かの部品を組み合わせて一機飛ばせようとしても、ある飛行機のねじがうまく別の飛行機からの部品と合わない。それに引き換えアメリカの場合は、どの飛行機の部品でも合うべきねじがピタリと合う工作の精度がある」という、南方で戦った人の体験談だった。

板坂先生は確か外語（今の東京外語大）ご出身と伺ったが、学校では中等部で英語のほか数学や国語も状況に応じて教えて下さった。英語は、一冊しか中学の英語教科書がなかったので、皆で回覧して写した。易しかったので、中途から中等部に入れられてもさして困らなかった。「あなたは飛行機が飛んでいるのを見たことがありますか?」という英文が習った中で最も複雑な文章だった。というのは、その先の英語のテキストがなくなってしまったからである。代わりにソ連で出版された英文の物語をテキストにすることになったのだが、辞書もないので調べてくる人もなく、生徒達の読もうという意欲も大したものでなかったので、やがて英語は先生が訳して聞かせるだけになってしまった。その頃には満映の脚本家として活躍された長畑先生も英語を教えて下さった。

それに反して数学には最初苦労した。読んでいた小説などでは、「幾何」と書いて「イクバク」と読んだので当初「イクバク」かと思った幾何という科目がどんな事をするのかの予備知識が全くなかった。更に、現在の「仮定」、「結論」、「証明」にあたる用語が、日常には使われない「仮設」、「終結」、「証明」だったので、授業で何をしているかさっぱり飲み込めなかった。北斗寮に一緒に住んでいる早川純子さんに「対頂角は相等しい」という命題を解説して貰い、それこそ目からうろこが落ちる思いをした。それからは幾何が大好きになった。もっとも、母は私以上に幾何が好きで、宿題で問題を持って帰ると私そこのけで熱中した。私が全部終わらないで寝てしまっても、翌朝には母の解説を聞くことができた。その頃機械工場で働いている野口先生が、ほんの短い期間教えに来られた。野口先生は、敗戦の時に旅順工科大学の学生だった。恐らく一、二年生だったのではないかと思う。教科書も無いので、教えてくれた内容は三角法や代数で、やや手当たり次第の感もあったし、難しすぎたが、若さの熱気が発散していて教え方が非常に魅力的だった。分からないながら一生懸命勉強した。

小宮先生には中国語を習った。中国語の発音がきれいにできる先生で、日本語に無い捲舌音の出し方を教わった。歌もお好きで、山田耕筰の「ペチカ」、「いつかきた道」などの歌曲や、小学校唱歌を教わった。日本のメロディはその後ずっと心に残ったので、日本人としての意識を持たせる教育として大変効果的だったと思う。この日本人学校の公式の校長は石田先生だった。石田先生は経済学者であるが、内地での弾圧を逃れて敗戦まで満鉄の調査部に居られたということだった。華僑に対応して残留している日本人を日僑と言ったが、日僑協会の仕事の合間に、石田先生は学校に来て社会や経済の仕組みについて易しく解説をされた。石田先生は帰国の後日本共産党中央委員を務められた。

学校では労働も重んじられた。麻袋と縄で作った泥入れを天秤棒で担いで、近所の不要になった泥を運び、校庭にそり遊びのスロープを作った。腰がふらついてなかなかうまく担げなかったが、しばらくすると人並みにできるようになった。

この頃のもっとも懐かしい思い出は魚釣りである。はじめは小宮先生に紀元君と一緒に連れて行ってもらった。継竿、釣り糸、針などは日本人が残して行ったものを買うことができた。浮きは良いものが無かったので、桐の木片をナイフで削り、蝋を染み込ませた物を使った。餌のミミズは原っぱを掘り返せばいくらでも採れた。

　早朝三時頃、小宮君親子が呼びに来るのを待って一緒に出かけた。小宮君以外に、小宮君の弟とか、池田君、久保君とか、時には父や妹も加わることも有ったが、小宮君と私は不動のメンバーだった。子供達だけで出かけることもあった。北社宅を通り抜け、鉄道の引込み線を越える所で、舗装道路は終わりになった。その先に続く細い道には、馬車の轍の痕が二筋うねうねと続き、両側には大人の背丈より高い高粱畑が暗がりの中をどこまでも続いた。途中この道は中国人部落をかすめて行くのだが、道のすぐ脇の小高い所に部落の墓地があった。当時の風習で遺体を入れた木棺が剥《む》き出しで墓地の地面に放置されていた。十頭前後の野犬の群れが墓地にたむろしていた。棺桶屋の店先に展示されているような立派なものだと大丈夫なのだが、犬たちは頑丈さが足りない棺を壊して遺体を食べていた。食べかけの腕や足が、棺から飛び出しているのが見えた。犬の群れは私達を見つけると、群れ全体で走ってきて取り囲むようにして吠え立てた。私達は袋に入れた継竿を槍のように構えて、背中を寄せ合って、咆える犬とにらみ合いながら、ゆっくり通り抜けるのだった。ひどく恐ろしくて逃げ出したくなるのを我慢するのは大変だったが、走れば食い殺されるときつく言われていたので必死に耐えた。その後慣れてくると、子供達だけでも三人位居れば、平気でそこを通れるようになった。明るくなる頃に、堤防に囲まれた大きな沼に着いた。この沼は、傍らの部落名から二家屯《ニカトン》と呼ばれていた。嫩江の流れが変わったためにできた沼らしく、幅は百メートル以上あり、「く」の字状の長い沼だった。沼の端がどうなっているか調べに行ってみたが、やがて沼は葦に覆われて、湿原につながり長さは結局分からず終いだった。ワイヤが対岸まで張られていて、そのワイヤに鉄製リングを使ってつながれている関東軍の鋼鉄製の舟が浮かべられていた。渡りたいときは、ワイヤを手繰って行けば良いのである。竿に当たりが来なくなる昼頃、弁当を食べて、来た道を引き返した。馬車も通る明るい帰りの時間帯には、犬の群れはどこかへ行って見えなくなっていた。

釣れる魚は例によってフナ、雷魚、鯰が主だった。ぴんとした立派なひれを持ち、体に縞模様があって形が黒鯛に似ていて、食べると絶品の桂花魚《クイホアユイ》も稀には釣れた。白身の雷魚はフライにするとおいしいし、釣る手応えも良いので一番人気だった。運が悪いと、胸鰭にとげを持っていて、刺されるととても痛い通称ギギュウという体長七、八センチの鯰ばかり釣れることも有った。釣り上げるとギュウギュウと鳴くのである。この魚は、小さな体の癖に針を飲み込んでしまうので、はらわたごと針を引き出した。

足を取られる危険を冒して少し深いところを足で探ると黒くて大きさが十センチ位もある馬鹿貝と呼んでいた二枚貝もとれた。雷魚を釣る投げ釣りの餌にもなったが食べてもなかなか美味しかった。

この二家屯より近い穴場を誰かが見つけてきた。北斗寮の北西にある関東軍の弾薬庫敷地内の小さな沼、砲弾池である。ここは放課後に行けるほど近かったし、フナだけだったが、面白いほど釣れた。沼の周りと水中には、大小さまざまな砲弾が一面に重なり合って散乱していて底の地面が見えないほどだった。小さな子供くらいの長さで、抱えられない程の太さがある砲弾が腰掛けて釣るにはちょうど良い水辺に転がっていた。信管が付いていないので安全だということだったので、小さい砲弾を拾ってぴかぴかに磨くのが男子生徒の間で流行した。しかし、鉄道関係者で私より四、五歳年下の男の子が拾った機関砲の砲弾で手首を吹き飛ばしてしまった。砲弾で遊ぶのは禁止になったが、釣りはその後も続いた。或る日父と私と二人で砲弾池に出かけた。恐らく父はどんなところか確かめたかったのだろう。行ってみると普段誰かはいるはずの仲間が、この日は誰もいないので意外だった。夕日を浴びて帰りを急いでいると、遥か後ろで叫び声がした。振り返ると銃を持った兵士だった。誘爆防止のための土で盛り上げた防護壁に囲まれた弾薬庫が砲弾池の周りにはたくさん並んでいたのだが、これまでは兵隊もいず、荒れるに任されていたので、兵隊の出現には驚いた。相当離れていたので無視して歩き続けていると、突然「パーン」という銃声が響いた。走ろうとする私を制して、解放軍の軍服を着た父はゆっくり歩き続けた。

釣りに行かないときには、駅前に遊びに行った。駅から繁華街まで、いろいろな機関（単位）が思い思いにバスを走らせていた。もちろん木炭バスである。養豚などと同じく、各単位（機関）が経費を自前で稼ぐのが目的で手持ちのバスを走らせていたのである。バスの運転手は留用された日本人が多かったので、私達はただで乗せてもらった。都合の良いバスが停まっていないときには、空の荷馬車の後ろに飛び乗った。「小日本《シャオリーベン》！」と怒鳴られたり、鞭を振り回されたときには飛び降りるのだが、黙って乗せてくれる農夫のほうが多かった。繁華街には映画館が二軒あったが、そのうち一軒の映写技師も矢張り日本人だったし、もう一軒の映画館で看板を書いているのも日本人画家だったので、うまくすると映画館にただでもぐりこむことができた。上映しているのはソ連のフィルムだった。見た中でソ連の農婦がドイツ軍の戦車を運転して殺された亭主の仇を討つという筋の映画があったが、誰でも運転ができるのに感心した。当時日本人ではプロの運転手以外車を運転できる人は殆ど居なかった。エイゼンシュタインの「戦艦ポチョムキン」も名画とは知らずに見た記憶がある。後年、乳母車が広くて長い階段を転落するシーンを見てこの映画を何十年も前に見たことを思い出した。その頃、父に連れられて家族みんなでソ連の総天然色映画「石の花」を見に行った。このときは、料金を払った。生まれて初めてのカラー映画だったので、色彩の美しさに感激した。

映画館にうまく潜り込めないときには、嫩江河畔まで足を伸ばした。時には手榴弾で魚をとるのを見物した。とても簡単で、船の上から手榴弾を投げ込むと、爆発の衝撃で大小さまざまな魚が気絶して浮き上がるのである。かなり大きな魚が岸辺の私の足元まで漂ってきたので、両手で持ち上げたとたん大きく跳ねて逃がしてしまった。

北斗寮の爆弾で壊れ垂れ下がった二階廊下の下に雑種の白い小型犬が住みついた。雌犬で私達は「ハル」と名づけて可愛がっていた。この犬は、豚飼いの飼っている巨大な「牧豚犬」を嫌って、その犬の姿を見ると逃げ出していた。或るときこの大きな犬がこっそりハルに忍び寄った。いきなり嫌がるハルを噛み伏せて無抵抗状態にして交尾した。私は「強姦」という言葉がわかったような気がした。その後ハルは牧豚犬を見ると、キャンキャン咆えながら尻尾を足の間に挟んで逃げ出した。中庭には立派な牙さえ見える猛々しく大きい種豚が時々連れて来られた。雌豚との間から、あわ混じりの体液がしたたり落ちるのを子供も兵隊達も取り巻いて見物した。

当初北斗寮では水道が壊れていているのでポンプ井戸から汲んだ水を、バケツで二階まで運び上げなくてはならなかった。間もなく水道も、また屠殺に使われていたボイラー室さえも復旧した。水は二階の共同洗面場から汲めるようになり、共同の浴場も使えるようになった。浴場は一つしかないので、男女は交替で入浴することになっていた。私の性への関心に父は気づいたのだろう。強い口調で、「お母さんたちと入れ」と私に命じた。とてもいやだったが、「お前はまだ子供だ」と言う父に逆らうこともできず浴場に行った。お母さん達の非難するような目つきにもたじろいだが、胸の白さがまぶしくて早々に飛び出した。こんな経験は一度でたくさんだった。

人民解放軍の規定にしたがって私達には、高粱、油、木綿布などが現物で支給されるので、貧しくても暮らしにはそれなりの安定があった。支給される高粱など雑穀の量は食べきれないほど多かったので、各家庭では市場でそれを米と交換した。各家庭がそれぞれ食事を作ったが、月に一度位皆で料理を持ち寄って広間で親睦会を開いた。又、軟式野球が盛んで、打ち上げの慰労会も北斗寮では頻繁に開かれた。それに較べると青雲寮に住んでいる人々の暮らしは大変なようで、私達は余った雑穀などを分けてあげたこともあった。大橋さんは私達北斗寮の住民を相手に行商をしていた。自転車につけた木箱に「ソーゴン」と訛って呼ばれた大きな草魚の半身を積んできて、刺身用のさくに料理してくれた。家族と別れ別れになってしまったという初老の小父さんは、一輪車で切糕《チェガオ》という大きな糯粟の粉を蒸して作る餅を売り歩いていた。暖かい餅が冷めないように布団が掛けてあり、注文に応じて切り分けて新聞紙にのせてくれるのである。

私にはやさしいと映っていた山口先生が突然姿を消した。山口先生は青雲寮の住民に対して学習活動を指導する立場にもあったのだが、何か私には分からない事情で、元満鉄病院に勤めていた奥さんともどもどこか炭坑へ送られたということだった。

北斗寮に住んでいる住人の間でも学習活動が始まった。日本語新聞を発行している民主新聞社というのがチチハルにあったが、週刊新聞のほかにさまざまな教材もそこで印刷していた。読んだ本の中には徳田球一の「獄中十八年」もあった。母達はそれぞれの生い立ちと近代日本の侵略史とのかかわりを考える会を定期的に開いていた。

留用された人々の数はチチハル全体で恐らく千人の規模に達していたのではないかと思

う。さまざまな記念日、たとえば十一月七日のロシア革命記念日、七月十五日の日本共産党創立記念日などには、大きな講堂で集会が行われた。後に中日友好で中心的な人物として大きな役割を果たされた趙安博さんの日本語での講演もあった。機械工場とか病院といったさまざまな「単位」に纏まっている人達が、革命歌の合唱や演劇を披露した。小林多喜二の「蟹工船」などはなかなかの力演だった。私も「インターナショナル」、「赤旗」、「ワルシャワの労働歌」など革命歌をたくさん覚えた。もちろん当時中国で広く歌われた「共産党が無ければ、中国は無い」だとか「東方紅《トンファンホン》」も欠かせなかった。

放送局で働いていた村本さんが短波つきの五球スーパーという型のラジオを組み立ててくれたので、私達も時折切れ切れに聞こえる日本の放送に耳を傾けた。私は毎日「鐘の鳴る丘」を楽しみにした。残念ながら貴重な真空管が間もなく切れてしまい、代わりが入手できなかったので長続きはしなかった。ラジオを聞いている人は少なくないと見えて、当時日本で流行した「異国の丘」も一時広くみんなに歌われた。しかし、反動的な歌だという評価が民主新聞で下されると、歌う人がいなくなった。

内科の久保先生と父には絶えず往診の依頼があった。幹部の当番兵が馬車やジープに乗って父を迎えに来た。早くから来て父が病院から帰るのを待っている場合もあった。そんなときには当番兵は私が頼むと弾を抜いたモーゼル銃やピストルを貸していじらせてくれた。又、ジープに乗せてそのあたりを一回りしてくれることもあった。父が往診先から時々りんごとかさつま芋を貰って来たが、私達にはものめずらしくとてもおいしく感じられた。

一九四八年（昭和二十三年）の冬、北斗寮の住人は別れ別れになった。ハルピンの医科大学に行った組には、早川、遠山、浜高家さんが居る。解放軍の病院である元陸軍病院に移住したグループは、私達以外に久保さん、夏井坂さんがいたと思う。溝手さん一家は最初から北斗寮ではなく陸軍病院に住んでいた。その他の人達はその後鉄道部の病院等に所属することとなった。

陸軍病院で私は小学校三年の時担任だった榛葉《しんば》先生に再会した。敗戦の年の三月に召集され、国境でソ連軍と戦い負傷した。武装解除の後、運良く開拓団にまぎれて長春まで南下できたのだが、苦労して再びチチハルに戻り、今度は八路軍に留用されてしまった。慣れない衛生兵のような仕事をさせられていた先生は、私の相手よりも他に気にしなくてはならないことが一杯あるようだった。

この頃までは死体を見ることは珍しくなかった。何かの罪で逮捕された罪人が街中を引き回された上その場で銃殺されることもあった。銃殺が行われる現場には見物の人垣ができた。きつく止められたので、銃殺の瞬間は見に行けなかったが、後で行って見るとアスファルトに血痕が残っていた。陸軍病院に移ってから、「探検」をしていて、死体の保存室に入り込んでしまったことがある。大きな浴槽のようなプールの中に、ホルマリン漬けになった死体が何体も浮かんでいた。頭に弾丸の穴があいている黒ずんだ死体を試しにつついてみると、ゆらゆら揺れながら遠ざかった。その後ホルマリンの匂いが指に染み込んでいつまでも取れないので大変困った。

冬のある朝早く、外にある便所に小用に出た。戸を開けると、目鼻立ちもはっきりしなくなった子供の頭が足元に転がっていた。恐らく犬の仕業だろう。明るくなると面倒かもしれないと思い、数日前に拾った銃弾か何かで穴の開いているシャベルを持ち出し、裏の枯草の陰に捨てておいた。話題にして良いか判断がつかなかったので、父母を含めて誰にも言わなかった。

寒い北満では春の訪れは待ち遠しいものである。どこかの部隊に勤務している三人の中年婦人がよく私達の家に遊びに来て、私をとても可愛がってくれた。敗戦前に同じ開拓団に居た三人は共に家族全員を失ったのだった。三人と私は嫩江の解氷を見に行った。長い棒の先に魚網をくくり付けたものを用意したのは、魚をすくうためである。竜沙公園脇の嫩江の分流を埋め尽くして大小さまざまな氷の塊がぶつかり合いながら流れて行くのは壮観だった。たくさんの中国人が網を使って、氷塊の間を漂う死んだ魚をすくっていた。氷に閉じ込められて死んだ魚が解氷と共に流れてきたのである。私の網ではすくえないほど大きな魚も流れてきた。かなりの量をすくったが既に臭う状態で残念ながら私達にはすくった魚は食べられなかった。

一九四九年の春、私達は日本人学校に別れを告げた。中等部二年を修了して、これ以上の教育を日本人学校で独自に行うのは無理なので、中国人の学校に入れてもらうことになったのである。小宮君、外園君、清末君と私の四人は、どうせなら早く慣れるほうが良いということで、チチハル一中の二年生として寄宿生活を始めることとなった。チチハル一中の校舎は以前宮前小学校と呼ばれた日本人小学校だった。日本とは大きく違って当時の中国では、中学校はおろか小学校でさえ義務教育ではなかったので、中学に入学させてもらうのはなかなか面倒だったのである。

一通りの手続きが済み、私達は煉瓦平屋建ての寄宿舎に案内された。大きく細長い部屋に長い木の棚が二段に造られていた。それが二段ベッドだった。足元に最低限の荷物と、簡単に丸めて一人で運べる薄い蒲団をたたんで置くのである。布団の端が即隣との境界で、今の日本なら超過密状態と言われそうである。周りでがやがや世話を焼いてくれていた中国人の生徒たちが突然いなくなった。「ご飯だよ」と教えてくれたに違いないのだが、一緒に行きそびれてしまったのだった。改めて迎えに来てもらって食堂に行った。食堂は狭くて窮屈だったので、大抵の生徒は外で立って食べていた。五、六人ずつ地面に置いた素焼きのかめに入ったおかずを囲んで立ち、どんぶり碗の高粱飯を掻きこんだ。

四人は別々のクラスだったと思う。教科書はなかった。物理の授業があったのだが、私が通った一か月余り、先生は「単位体積に含まれる物質の質量を密度と言う」という黒板に書いた単純な定義を生徒に教えるのに躍起になっていた。書き取っても初めは読めなかったが、何遍も繰り返しているうちに私にもちゃんと言えるようになった。学校ではロシア語の授業があった。シューバ（毛皮のコート）を着たスタイルの良い白系ロシア人の婦人が先生だった。ノートが無いので日本人学校で使っていた英語のノートを引き続き使っていたが、先生が私の書いた英語を見てきれいだとほめてくれた。それで先生がすっかり好きになった。もっとも今考えると、先生が何語でほめてくれたのかはっきりしない。ひょっとすると日本語だったかもしれない。ある時、机の間を歩き回るシューバの裾がひっかかって、めくれてしまったことがある。外側は大変立派に見えたシューバなのだが、裏地がぼろぼろになって垂れているのが見えて、悪い事をしたような気がした。

家に帰れる土曜日が本当に待ち遠しかった。三、四回も土曜日が来た頃、私達一家は沈陽（旧奉天）に移動することとなった。林彪《リンビョウ》率いる解放軍第四野戦軍が快進撃の結果、東北（旧満州）全土を制圧したのである。

三　沈《シン》（瀋）陽《ヨウ》

林彪率いる第四野戦軍の攻勢を受けて、蒋介石側の中央軍は総崩れになっていた。文化大革命の末期、林彪は一時毛沢東の後継者に擬されながら果たせずソ連へ逃れようとして蒙古で墜死したが、名司令官として当時評判が高かった。解放軍の兵士は「前進、前進、前進、おれたちゃ林彪の戦士！……」という歌を歌って行進していた。東北地区人民政府が設けられて、街角の掲示板には主席高崗《コウコウ》の名前で出された布告が貼られるようになった。

一九四九年五月中旬、私達一家はチチハルを離れ、沈陽に向かった。今度は鉄道の旅で、途中ハルピンで一泊した。医科大学に移っていた早川さん達を訪ねた時、同級生だった早川純子さんとの再会を期待していたのに、学校に行っていて果たせなかったのが心残りだった。

沈陽は満州時代奉天と呼ばれ、清朝発祥の地であり、東北地方随一の大都会である。鉄道の要衝であるばかりでなく、商工業の中心地でもある。軍閥張作霖は奉天を根拠にして東北一円を支配したが、関東軍のしかけた爆弾によって一九二八年に奉天郊外で爆死した。張学良はその息子である。一九三一年（昭和六年）九月十八日の満州事変勃発の舞台となった柳条湖も沈陽の郊外である。

沈陽では最初「招待所」に落ち着いた。新しい勤務場所が決定されるまで、幹部達は招待所で休養するのがしきたりなのである。食事は比較的良かったが、することがなくて大変退屈した。滞在客が大抵数日で入れ替わって行く中で、二週間以上もそこにいたような気がする。父の配属先が解放軍病院に決まり、私達は繁華街の一角、馬路湾《マールーワン》にある解放軍の病院に引っ越した。馬路湾を東に行くと城門があり、城壁に囲まれた内部が旧市街である。この軍病院も旧日本軍の陸軍病院跡である。撫順時代に保育施設を創設した経験を買われてか、間もなく父は中国共産党東北局が運営する「育才学校」に校医として勤務することとなった。育才学校は、満州時代には千代田公園と呼ばれた中山公園のすぐ北にあった。

共産党や軍高級幹部の夫人達は、長い革命戦争を通じてそれぞれの仕事を持って働いて来た。夫人達が安心して働けるよう幼い子供達はこの学校に預けられるのである。土曜日の午後子供達は家族と一緒になり、月曜にはまた学校に送られてくるのだった。東北地方人民政府主席高崗の夫人が校長だった。高崗は東北地方を独立王国にしようとしたとしてとがめられ、一九五四年頃失脚自殺した。そのこともあって今では夫人の知人でさえ夫人を良く言わないようであるが、父は高崗夫人の仕事振りには好感を持っていた。将来の男女平等社会の姿をこの学校に見たのかもしれない。一時期父は月曜から金曜までこの学校に泊り込んで子供達の面倒を見た。歯が悪い父のために母が用意した食べ物などを届けたことがあるが、中には入れず門の衛兵の所で父に渡した。

父の所属が軍から離れたので、私達は軍の病院を出て、共産党東北局が管理する住宅に引っ越した。服もこれまでの軍服に代わって、行政幹部に支給される黒っぽい紺色のものが改めて支給された。この共産党東北局が管理する住宅地域全体は、敗戦前には満鉄でも比較的地位の高い人達が住んでいたと見え、一般社宅より立派な二階建ての独立家屋が立ち並んでいた。全体が塀で囲まれ、一か所に限定された出入り口は武装した衛兵が四六時中立っていた。私達が割り当てられた住居は地区の西南角に位置していて、荒れてはいたが庭のついた二階建て住宅の一階部分だった。敷地の外では南北（民生街）及び東西（南五馬路）に電車が走っていた。東西に走る南五馬路に直接面して小さな平屋が私達の家のすぐ前にあった。恐らく満鉄時代にはあったが今は塞がれているもう一つの門の守衛用にでも建てられたものだろう。この家の住人はそこで小さな店を開いていた。表口は大通り、裏口は東北局敷地内にあるこの家の店先を通りぬけると、衛兵のいる門を大回りして通らなくても外に出られた。衛兵の前を何度も通るのはなんとなく気後れして、私はしばしばこの店の中を通りぬけさせてもらっていたが、私と同年輩だが学校に通っていないこの家の少年はその都度厭味を言った。

チチハルにあった民主新聞社も私達と前後して沈陽に移転してきた。週刊の民主新聞の他に月刊雑誌「前進」も発行していた。日本共産党や日本の革新系の文献及び日本語に翻訳された中国共産党の重要論文が、この新聞社で発行された。ソ連で発行されたさまざまな日本語書籍もこの新聞社を通じて購入することができた。購入した本に、「スターリン伝」とか、分厚いスターリンの「レーニン主義の諸問題」がある。

沈陽にも日本人小学校と日僑協会が旧満鉄社宅の地域にあった。母に連れられて私達は日本人学校に入学の手続きをしに行った。学校の建物は小さくて粗末な二階建てだった。

二人の妹は問題がなかったが、ここでも日本人学校には私の入る余地がなく、日本人学校のすぐ南側にある沈陽第四中学校に入れてもらうことになった。この沈陽四中の建物はかっての高千穂小学校を転用したものである。中国の中学校は義務教育ではないので、編入には面倒な手続きが必要だった。チチハルで二年だったので、理屈から言えば二年生に編入されて良いはずだったが、言葉もわからないし、辺鄙なところからの転校でもあるし、四月には二年になれるのだから我慢しなさい、となだめられ一年生に編入された。

中学校に通い始める前後、何回か日本人学校にお邪魔して、私と同年輩の中山君と知り合いになった。そんな事情から私は沈陽日僑完全小学校の同窓会にも入れて頂いている。この学校の先生が教えてくれたのではないかと思うが、中山公園前の旧満鉄図書館が開いているのを知った。まだ中学校に通学する前で、退屈しきっていたので一人で行ってみた。窓に重厚なカーテンの下がった大きな閲覧室には本を読んでいる人は誰もいず、隅のカウンターの後ろに事務員が一人座っているだけだった。昔日本人を対象に運営していた時とほとんど変わっていなかったようである。どうやって借り出したか、図書館の利用は初めての経験のはずだが良く覚えていない。あらかじめ父にでも借り方を教わったのかもしれない。とにかくカード箱を調べてトルストイの「戦争と平和」を借り出した。何か読む本を決めて探したと言うより、名前を知っている有名な本が目に付いたので申し込んだのだと思う。予想したより厚くて重い立派な革表紙の本を渡されて戸惑ったが、そのまま返すのもはばかられ読み始めた。筋を追うだけに終わったが、何日か毎日通って数巻あったと思うが全巻読み通した。その間、閲覧室では職員と私以外は誰も見かけなかった。その後もしばらく通ったが何を読んだかは覚えていない。ある日図書館に行ってみると閉鎖されていた。開館していると通りに面した読書室の窓が開いているので、前を通るたびに様子を窺ったが、その後は開館している気配はなかった。

中学校では初級中学一年壬《じん》班に入れられた。甲乙丙と数えて行くと七番目だから、一年七組である。男女共学で、私くらいの年の生徒が一番多かったが、年上も少なくなかった。

中学校では教科書が使われていたはずだが、「青年の修養を論ず」という本以外の教科書の記憶が全くない。この本は日本で言えば倫理に相当する授業に使われたが、いかにして人民のために尽くすかという、青年あるいは共産党員に求められる徳目を事細かに述べてあり、私には努力しても到底実行できそうもない事ばかりであった。教える先生はクラス担任でもあったが、態度が非常に厳しく、授業時間中は大変緊張した。「すごい先生だ」と言う私に対して、クラスメートが「あの先生は、国民党時代には三民主義をあの調子で教えていたのだ」と言ってすっかり馬鹿にしていたので、気分に少し余裕ができた。三民主義の「三民」は民族、民主、民生の略で孫文が提唱した国民党の指導原理である。この先生はクラスの或る女子生徒と恋愛事件を起こして問題となり、その後小さくなっていた。私の持っているこの頃唯一の写真が当時の一年壬組の集合写真であるが、先生と女子生徒が仲良さそうに写っている。私の着ている大きすぎてだぶだぶな上着は支給された人民服である。

数学は算数の鶴亀算の類だったが、一度代数になれてしまった身にとってはつらかった。後から考えれば、代数のとき方を翻訳すれば良いだけなのだから、何でもないはずであるが、ひどく苦痛だった。国語（中国語）にいたってはよほど分からなかったと見えて、分からなくて困ったという記憶さえない。校内放送を通じてニュースが流されるとその要旨を筆記し、グループ学習で発表しなくてはならなかったが、放送を聞き取ることができずに閉口したことははっきり覚えている。毛沢東を始め当時の共産党指導者の多くは湖南などの南方の訛りが強く、私の力ではなかなか理解できなかった。学期末のクラスでの成績は五十五、六名中三十六番だった。三月が来て、ようやく二年生になれると喜んだのもつかの間、一年生が更に半年続くこととなった。と言うのは、満州時代の日本に合わせた四月新学年の制度が瀋陽ではそのまま続いていたのだが、北京などの中国本来の九月新学年に統一されることになったからである。半年繰り上げるよりは、繰り下げるほうが、文化的には後れている東北地方の中学生にとって教育的であると政府が判断したのだった。

言葉が理解できるようになるにつれて友達が次第に増えてきた。中でも岳鉄麟《ヤオティエリン》とは仲良くなった。両親は解放軍に参加して南方、つまり上海方面に行っているということで、お祖父さん一家で暮らしていた。通り道なので毎日登校時は寄って行ってくれたし、帰りも一緒だった。岳君が面白いという本を私も中学の図書室から借り出し、次第に中国語の本も読めるようになってきた。皆に大人気の遊撃戦争を扱った「新児女英雄伝」という物語を始めとして、どの物語も、そして教材も抗日戦争を題材にしたものが多かった。日本では英雄視されていた岡村寧次将軍は悪役の代表選手だった。遊撃隊を殲滅《せんめつ》するために採用した「三光政策」（殺光、焼光、搶光＝殺し尽くす、焼き尽くす、奪り尽くす）は日本軍の残虐さの象徴としていつも登場した。「日本帝国主義と日本人民は違う、日本人民は中国人民と同じく侵略戦争の被害者だ」という先生の指導もあって、直接いじめられることはなかったが、同級生が皆私を意識していることが分かるので落ち着かなかった。日本軍が悪玉で登場する小説は薦められても読む気になれなかった。四月になると、日本人学校で友達になった中山君が組は違ったが同学年に編入されてきた。中山君の家が何をしていたのか知らなかったが、私達の住居近くの街中に一軒だけで住んでいて、中山君の中国語は私よりだいぶ上手だった。

解放軍の猛攻に対して、蒋介石の中央軍は総崩れになった。戦意を喪失した北京防衛司令官傅作義が全軍を率いて寝返ったので、北京の無血解放が実現した。南京から重慶に逃れた蒋介石は結局最後には台湾に逃げ込んだ。全校の生徒が講堂に集まって、校長や共産党幹部の話を聞く機会がしばしばあったが、集会が始まる前には、クラス単位での「拉歌《ラーゴー》」という歌の交歓が行われた。「解放区の空は明るいよ」とかソ連海軍の水兵歌とかに混じって歌われた「南京で蒋介石を生け捕りに！」は間もなく「台湾へ攻め下ろう！」という歌に変わって行った。校長の話は時事解説もあったが、たとえば毛沢東の論文「人民民主専政を論ず」についての講義に近いものもあった。この論文は新中国の政治形態について論じた重要なものである。話の後クラスではグループに分かれての学習会が開かれた。中学一、二年生がこのような政治に関係した論文を学習するなど日本では考えにくいかもしれないが、識字率の低い当時の中国での中学卒業生はいっぱしの知識分子、インテリとみなされていた。

クラスでは生徒の年齢がばらばらで、ソ連のピオネールに対応する少年先鋒隊、新民主主義青年団（後に共産主義青年団と改められた）のメンバーの他に十八歳以上でなれる共産党員もいた。丁鋼という同級生は、市クラスの高いレベルの委員会から模範党員として表彰されて学校の有名人だったが、常に注目の的なので傍から見ても大変そうだった。いつも眉間にしわを寄せて、めったに笑わない青年になってしまった。

学校に通い始めて間も無い一九四九年十月一日、中華人民共和国が誕生した。毛沢東が天安門上で「中華人民共和国が成立した！　中国人民は立ちあがったのだ！」と湖南訛りで宣言するのを教室のスピーカーを通して聞いた。皆の興奮は大変だった。早速、腰に赤い帯をつけて最初は校庭を、後では街頭に出て、太鼓と銅鑼を先頭に秧歌《ヤンゴ》を踊り歩いた。ヤンゴというのは、華北地方の抗日戦争時代共産党根拠地だった地方の農民の踊りで、日本の盆踊りのようなものであるが機会ある毎に踊られた。お祝い騒ぎは、きちんと計画され演出された物ではあったが、同級生の喜ぶ気持ちは本物であった。一八三九年のアヘン戦争以来続いた屈辱の歴史が終わったのだから。

メーデー等さまざまな機会に中学生も参加するパレードが行われた。パレードでは無数の毛沢東、スターリンの写真に並んで、各国の「人民領袖」の顔写真もプラカードとして掲げられた。日本人民の領袖は日本共産党書記長の徳田球一だったが、抗日戦争時代中国共産党の根拠地延安で日本軍兵士に対する宣伝活動を行った野坂参三も岡野進の名で大変人気があった。校内放送を使った時事問題の学習でも、日本がしばしば話題になるので日本人民の領袖の名前は誰でも知っていた。同級生達の疑問は、なぜ日本共産党は中国共産党のように武装闘争をやらないかということだった。私は、「日本は工業国であり、交通網が四通八達しているので、遊撃戦争の余地がないのだ」と答えた。多くの同級生は、武装闘争を試みもしないのは敗北主義だと非難したが、党員のTさんは、私の答えを支持してくれた。しかし五〇年早々のある朝、ニュースでコミンフォルムと中国共産党による日本共産党批判が報じられた。コミンフォルムという各国共産党の活動を国際的に指導する組織はブカレストに置かれていたが、実態はソ連共産党の考えを反映していた。批判は日本共産党の「平和革命論」を誤りとするものであったので、私は大いに困惑した。当時の日本共産党指導部は誤りを認め、徳田球一達は地下活動に入った。

一九五〇年六月に朝鮮戦争が勃発した。開戦当初北朝鮮軍は破竹の勢いで、韓国軍および米軍をほとんど海に追い落としそうな形勢だった。李承晩大統領の下で不安定な韓国に北朝鮮が攻撃を仕掛けたことは今日では定説になっているが、米軍が韓国と組んで北朝鮮を滅ぼそうとして奇襲攻撃をしかけたと当時は教えられた。戦況は最初一方的に北に有利に展開したが、それは警戒心を高めていた北朝鮮人民が直ちに反撃したからであった。学校の放送では毎日戦況が伝えられた。

待望の一学年終了時には学校にもなれて成績がクラスで三番まで上がった。先生が一生懸命やればできる例の引き合いにして誉めてくれた。中山君は私の中山君に対する競争心のせいだと言ったが、恐らく単なる馴れの問題だと思う。良い成績を取らなくてはならない模範党員の丁さんに同情した。中国語の「国語」は依然として分からなかったようで、どんなことを勉強したか覚えていない。

夏休みを終えて新学期が始まった頃、米軍の仁川上陸と共に戦局は逆転した。北朝鮮軍は中国との国境である鴨緑江まで追い詰められた。その頃沈陽の空をソ連製のミグ戦闘機が飛び始めた。国民党の中央軍から捕獲したプロペラ機がたまに飛ぶくらいだったので、金属的な轟音と共に飛び去るその速さにびっくりした。ソ連に派遣されて訓練を受けた解放軍のパイロットが帰ってきたということだった。学校では「抗美援朝」のキャンペーンが始まった。中国語では、米国は「美国」というので、「美」を「米」に直せばスローガンの意味は明らかであろう。米国は強大そうに見えても人民の力の前では「張子の虎」に過ぎないこと、北朝鮮が滅びることは丁度唇が破れると歯が冷たい（「唇破歯寒」）のと同じなので座視できないことなどをグループで繰り返し学習した。その後、二人一組になって住民を戸別に訪ねて宣伝活動を行った。私ももちろん参加したのだが、学生は学習に基づくので当然なのだが、受け答えする住民も判で押したように同じような返事をするのに驚いた。内容が同様でも表現を変えることぐらいできそうに思えたが、返事するほうも説明するほうも、殆ど全く同じ表現を使った。

二年になって早々の九月、登校してみると高射砲部隊が校舎を使用するので四中は閉鎖されると告げられた。生徒達は全員他の中学校に振り分けられたが、岳君と私は城壁で囲まれた沈陽旧市街のすぐ外側にある沈陽第十中学にまわされた。この中学は昔から中国人の学校で、黒い中国煉瓦の平屋建てだった。私のクラスは全部四中からまわってきた生徒だったが、他のクラスの生徒と一緒になったので、これまでと顔ぶれが大分変わった。黄君という少年が作った「小日本、小個子、小眼睛、小鼻子、大脳袋！」という語呂の良いはやし言葉がクラスの中の年少組で流行した。「小日本人、背が小さくて、眼も鼻も小さく、大きいのは頭だけだ！」という意味である。「小日本」は日本が事有る毎に「大日本」と言ったことに反発して中国人が作った日本人に対する蔑称である。皆が囃し立てたといっても、いじめられたというわけではなく、どちらかといえば親しみが込められていたと思う。黄君もいつも一緒に遊ぶ仲間だった。城内の旧市街はごみごみしていて旧日本人街とは雰囲気が全く違った。岳君に誘われて香港で作られた日本のちゃんばら映画に相当する武侠映画を見に行ったが、剣や拳の立ちまわりはなかなか面白かった。ソ連映画「ベルリン陥落」を学校から見に行き、作文の時間に感想文を書いたのだが、そのとき初めて作文で先生から誉められた。

東北局の住宅では私達は一階に住んでいた。しばらく二階部分が空家だったので問題がなかったのだが、七、八か月程後に中国人の二家族が二階に越してきてからはいざこざが絶えなくなった。半地下にある温水ボイラーを直してくれたのは良いが、昔はお手伝いさんがやったはずの石炭での窯焚きを誰がするのかが問題だったし、台所の使い方や優先権も問題になった。母は台所に置いた調理器具やスプーンが勝手に使われるのを気にしていた。恐らく二階住人からも苦情があったのであろう、父の勤務先が育才学校から再び馬路湾の病院に変わったのを機会に私達はもう少し南に有る南湖公園に隣接した旧満鉄の二階建て社宅の二階に引っ越した。所々に住人が入っている程度で空家も多かった。ここは衛兵の目も気にする必要がないので、父の知り合いの日本人も時々訪ねてきた。

そんな日本人の中に頭が少し禿げてきた伊藤さんがいた。伊藤さんはどこかの部隊に留用された技術者だが、家族とはぐれてしまい一人だった。普段は街の中に部隊が開設した電気屋さんで働いていた。伊藤さんが直してくれたので、私達は再びラジオが聞けるようになった。十中への登校、下校の時には伊藤さんの働いている店先の前を通るのだが、空っぽだったウインドウにソ連製のラジオが並べられるようになった。日本のラジオに比べると真空管がひとまわり大きいのが目立ったが、伊藤さんに聞くと、日本製の性能の方が比べ物にならない位良いということだった。ソ連は中国の兄さんで工業先進国であり、中国はソ連からなんでも学ばなくてはならないと学校では教わっていたので、意外な気がした。もう一つ意外な事を伊藤さんが父に言った。最近部隊に大量に入ったソ連の高射砲が皆ひどい中古品で、砲身内部が磨耗して使用に耐えられそうもないということだった。部隊幹部にそのことを報告したところ、「このことは重要機密なので、誰にも口外するな」と言われたそうである。今考えると中ソ対立はその頃から既に芽吹いていたのだろう。

十中に通い始めて、二か月程経った頃、中国人民志願軍従軍記念章という赤いリボンがついて金色にめっきされたメダルが父母に配られた。父には通訳という名目で二十一、二歳位の佐藤さんという女性が付いていたが、その女性にも配られた。私にはきれいな玩具にしか見えなかったが、朝鮮行きの可能性も見えて、父達にはちょっとした衝撃のようであった。配られた冬服も所属が軍に戻ったので、これまでの行政幹部用の黒から再び薄緑の軍服に変わったのである。しかし、数週間するとこのメダルは回収され、私達は北京に向かうこととなった。そのとき私達は判らなかったが、軍や鉄道に留用されていた日本人は殆ど全員山海関以南、いわゆる関内に移動した。又、沈陽に残った機関の日本人技術者は機関も一緒に郊外に疎開した。万一の米軍の中国侵攻に伴い日本人が死傷したり、捕虜にでもなると、国際問題になりかねないという心配があったものと思われる。

米軍が中国東北地方を攻撃するかもしれないという心配は杞憂ではなかった。ハルピンの医科大学にそのまま残った早川さんによると、その後東北地方に米軍のＢ29が飛来して細菌で汚染された昆虫を入れた生物爆弾が投下された（と伝えられた）そうである。ハルピンでも空襲警報の後、白衣、マスク姿でピンセットを使った人海作戦の昆虫捕獲が行われた。良く知られている事だが国連軍総司令官のマッカーサーは、人民義勇軍参戦という新事態に対して中国東北地方の爆撃や中国沿岸の封鎖、台湾の国民党軍の参戦など朝鮮戦争の拡大を主張した。

四　北京医院

一九五〇年（昭和二五年）十一月の或る日私達は北京に着いた。私達とは、一家の六名と通訳の佐藤さんである。佐藤さんは二十歳を越えたばかりの若い女性で、通訳とはいうものの中国語は父よりましという程度だった。沈陽からの旅行はこれまで別の機関で働いていた他の数家族の日本人と一緒だったが、天津でそれぞれの配置先へと別れ別れになった。旧満州との境界である山海関を通過したときには、いよいよこれからは新しい土地へ行くのだと心細かった。

北京駅には黒塗りの米国製の乗用車が迎えに来ていたのでびっくりした。沈陽や天津の送迎は馬車に決まっていたからである。今度の父の勤務場所は北京医院だった。車に乗るとき何気なく車のボディに爪を立てたところ、簡単に傷がついたので驚いた。ペイントが塗り立てだったのかもしれないと、後日停まっているその車を今度は意図的に爪で引っかいてみたがやはり傷がついた。

北京医院は旧ドイツ大使館の跡地だった。米国系の協和病院も近くにあった。日中戦争の混乱の中、日本軍の手から守るため北京近郊の周口店で発掘された北京原人の化石がこの病院に運び込まれたが、その後行方がわからなくなったというエピソードがある。北京病院は中国の指導者達が利用する特別な病院である。外国から亡命してきた要人もここで治療を受けた。私達は引っ越した後でこの病院にはいなかったが、地下にもぐった後中国に渡った日本共産党の指導者徳田球一も一九五三年にこの病院で亡くなった。この北京医院は東長安街の少し南、かっての外国人居住地東交民巷にあった。「交民」とは外交官のことである。

沈陽から私達と一緒だったレントゲン技師の宮崎さん一家もこの病院に移って来た。私達の新しい住居はかってドイツ人の宿舎だったらしいが、二階建てで上下のフロアに各二軒ずつ居住するよう設計された風格のある立派な建物だった。廊下を挟んで南北に二軒が配置された二階の南側一戸分には、私達の他に坂本先生一家と中国人医師の家族が居住した。北半分の一戸は、宮崎さん一家と佐藤さん、それに中国人の家族が利用した。宮崎さんのところには小さな女の子二人と男の子の子供がいた。

坂本先生一家は二間続きの寝室を使っていた。坂本先生は敗戦までどこかの医科大学の助教授をされていた内科医で、信頼感を与えるいかにも医者らしい風貌をしていた。世話好きで快活な奥様と私より四、五歳年上の男の子との三人暮らしだった。どういう教育を受けたのか、この男の子は中国語とロシア語が達者で既に通訳として働いていた。佐藤さんや妹とは良く話したそうだが私との交流は全くなかった。

私達の割り当てられた部屋はもともとリビングに使われていた部分で、大きな暖炉のある広い部屋が立派な出窓の付いたサンルーム風の部屋に続いていた。父母と弟はサンルームにベッドを入れて寝室にしたが、私と妹信子は、暖炉のある部屋に置かれた大きなキングサイズのベッドに真横方向に二人並んで寝ることになった。サンルームは塀で隔てられた東交民巷の通りを見下ろすことができた。通りを隔てた向かいはソ連大使館で、入り口に国家の紋章が有り国旗が掲げられていた。私はこれまであまり乗用車を見た事がなかったので珍しくて、絶えず出入りする自動車を飽きずに観察した。上から見下ろすとどちらが前かわからないほどエンジンルームとトランク部分が対称に見える形の乗用車に混じって、後ろに特徴のある、スポイラーというのだそうだが、尾翼のような飾りが付いたチェコ製のスコダも見かけた。

通訳の佐藤さんは信州の田舎で育ち、女学校を終わって満州に渡ってきたところで敗戦の混乱に巻き込まれ帰りそびれてしまった。北京に来た頃から情緒が不安定になり、父を始め周りをはらはらさせていた。佐藤さんの頼みもあって、妹の和子は佐藤さんの部屋に置かれたもう一つのベッドで休んだ。

元々一軒の家だったものを細切れにして使う関係上玄関に鍵がかけられず、各部屋の鍵も用意されていなかったので全体がいわば鍵なしの生活だった。新しい住まいがこれまでに比べて良い点は、時間が限られてはいたがお湯が出ることだった。大きなバスタブで風呂に入ることができた。洋式のトイレも初めて経験した。食事は病院職員の食堂を利用するのだが、ここでは小麦粉と米が主食で、高粱やトウモロコシと縁が切れたのは嬉しかった。おかずも皿数が複数あり、必ず肉が使われていた。

旧正月の朝には、日本人が雑煮で祝うように水餃子を食べるのが慣わしであるが、食堂に行くと餃子の皮にするこねた小麦粉と麺棒と容器に入った具を渡された。人数分包んで持っていくと茹で上がった水餃子と引き換えになるのだった。私達は皮を伸ばすのも包むのも初めての経験で、いつまでたっても朝食にならなかった。とうとう知り合いの中国人が何人かやってきて手伝ってくれた。片手の手のひらに伸ばした皮を持ち、具を入れてぎゅっと握るだけで餃子が包み上がるのだった。余談だが、北京医院以来私達の家では正月前後に水餃子を食べる事が習慣になった。この慣わしは現在に至るまでの約五十年間一回も欠かさず続いている。

北京にも鉄道部管轄の日本人学校があったのだそうだが、管轄が違うせいか私達は入れてもらえなかった。四歳下の妹信子は幹部子弟のために設けられた全寮制の小学校に入れてもらったが、これまで各地を移動した理由が理解できなかったためであろうか、一人学校に残されるのが不安で預けられるときは泣き叫んで先生達をてこずらせた。信子は現在でもその時の不安を良く覚えている。既に中学校に通っていた私と二歳下の妹の和子は、入れてもらえる学校が見つからないままに宿舎でぶらぶらしていた。

坂本夫人に連れられて私達は対外文化協会の図書室に本を借りに行った。そこでは日本のいわゆる進歩的書籍が集められていた。小林多喜二や佐多稲子の小説、豊田正子の「つづり方教室」などを読んだがすぐに読み尽くしてしまい、あまり面白いとも思えなかったが、宮本百合子の自伝的小説「道標」も読んだ。マーク・ゲインという新聞記者の戦後日本をレポートした「ニッポン日記」もそのとき読んだ気がする。読んだ本のどれかに自殺し損ねた東条英機の事が出ていて、負け戦の指導者は自殺もろくにできないのかと情けなく思った。「真相」という暴露記事ばかり載った雑誌もあったが、予備知識が足りないせいでちっとも面白くなかった。岩波新書の「北京三十五年」の著者山本市郎さんと思われる方や、イールズ事件の後北京に逃れてきていた元北大生のご夫妻などに対外文化協会でお目にかかった。

カントという偉い哲学者が大変几帳面で、町の人達がカントの散歩を時計代わりしたと母から教わり、生活を規則正しくすることを心がけた。今と違ってテレビも無ければ夜遊ぶ場所もないので、一定のリズムで生活するには大して努力を要しなかった。午前中は勉強に当てた。どうしてなのか理由が思い出せないが、沈陽で使っていた教科書は一冊も持って来なかったので、北京医院の図書室から借りた本と唯一冊持っている数学の本を勉強した。図書室は余り大きくなかったが、退屈していたので中国語の本をせっせと借り出した。読んでいる内に、中国語の本も段々読めるようになった。とは言っても辞書があるわけではないので、適当に飛ばし読みをするのである。何度か同じ言葉が出てくると、その意味が次第に分かってきた。黙読では読み方（発音）はあまり重要ではないが、読めない文字の読み方は知っている適当に似た字の音を当てはめて置いた。後に学校に行くようになって、変な間違った読み方をすると言って笑われることがあったのはそのせいだと思う。

沈陽の中学校で「歴史の必然性」ということを学んだ。猿人から進化した人類は、生産力の向上とともに原始共産制社会、奴隷制社会、封建制社会、資本主義社会を経て必然的に社会主義社会、共産主義社会に至るというのが、「歴史の必然性」である。蒋介石の国民党が敗れて、共産党の政府が誕生するのもこの「必然性」の現れに他ならない。「歴史的必然性」に関連して不思議に思っている疑問が私にあった。「発展」が「必然的」とすれば歴史の中で英雄や個人はどんな役割を果たすのだろうか、というのがその疑問である。私が英雄と当時思っていたのは、レーニン、スターリン、毛沢東や豊臣秀吉である。図書室から何とかというソビエトアカデミー会員の書いた「歴史における英雄の役割」といった題の中国語訳を借りて熱心に読んだ。今振りかえるとこの本はスターリンのご機嫌を伺うために書かれたものだと思うが、英雄は歴史の進歩を早めることができるというのが、その本の趣旨だった。

私の持っていた数学の参考書は後から思えば教科書として使うには全く向いていなかった。チチハル時代からずっと「代数の頭」という本を一冊だけ持って歩いていた。この本しか身近になかったためと、少し分厚くて表紙が上等だったので気に入っていたのである。旧制中学の卒業生が高校や高専を受けるための受験参考書で、説明がなく、簡単なまとめの後は、一高、二高、福島高商等々当時の学校の入試問題とその解き方が書いてあった。この本のお蔭でどんな学校が日本にあるのか名前だけは詳しくなった。これまで連立方程式や因数分解は分からなければ母が先生になってくれたが、女学校では扱わなかった虚数が出てきて困ってしまった。問題の解答から推測して理解しようと努力したが「二乗したら負になる」というイメージが湧かないのである。父は数学には関心が無く相手にしてくれなかったが、「宮崎さんに聞いてごらん」と言った。レントゲン技師の宮崎さんは恐らく何がわからなくて私が困っているかを理解できなかったに違いないが、それでも参考になればと言って薄い参考書を貸してくれた。汚れた薄茶色の軟らかい紙の表紙だったことは覚えているが、すぐ返してしまったので本の名前も著者もはっきりは覚えていない。著者は藤森で本の名は「解る代数」だったかもしれない。この本は説明が丁寧で、それを読むともやもやが一度に解決した。良い本を選ぶ事の大切さを実感した。また、「分かった！」と思う瞬間のなんとも言えないうれしさを味わった。

午後は散歩することにした。北京医院には衛兵のいるたった一か所の出入り口しかなかった。別にとがめだてされるわけではないが、黒塗りの乗用車や、偉そうな人達に混じって一日に何遍も出たり入ったりするのには遠慮があった。医院の門を出ると練兵場跡の広っぱに出た。平らな地面が広がっていて周りに樹木も生えていなかった。私が面白いと思ったのは凧上げだった。蝶、金魚や鳥の複雑な形の凧や竜か蛇を表したむかで凧（連凧）を大人が思い思いにあげていた。子供達は二本の竹棒に結ばれた紐の上で「こま」をまわしていた。「こま」といっても、日本で想像するようなものではなくて、太い回転軸の先に笛になる開口部のある直径十センチ位、厚さ三センチ位の空洞円盤がついているのである。紐の上で勢い良く回転させると、円盤の笛が独特の音色を持った大きな音を出した。大勢でまわしていると個々のこまから音が出ているのではなく、空気全体が鳴っているように聞こえた。

広場近くに王府井《ワンフージン》があり、牌楼《パイロウ》という門のような構造物が一つ立っていた。地名「東単」の由来である。足を延ばして牌楼が四つ建っている「東四」から朝陽門までの通りに出ている露天を見物したりした。交民巷を歩いたり、長安街を歩いたりして天安門前までもよく行った。今まで新聞・ラジオでしか縁が無かったさまざまな国の大使館や政府機関の建物を目の当たりにするのは楽しかった。学校帰りの少年達とすれ違うこともあったが、自分が学校に行っていないので落ち着かない気分になった。又、何かを見物するにしても連れがいない一人ぽっちというのは具合が悪いものだった。

当時の北京は現在と違って、古びて黒ずんだ城壁が街を取り囲んでいた。紫禁城である故宮、白塔の美しい北海公園、政府要人の住む中南海などをめぐって、くすんだ赤と黄に塗り分けられた時代物の小さな電車が走っていた。線路は単線部分もあったが停留所のところは複線になっていて、そこですれ違えるようになっていた。一本の棒状パンタグラフがある小さな電車は後ろにもう一台更にかわいい客車を牽引していたが、連結器が旧式なために停留所に近づくと突き出た緩衝器がぶつかり騒々しい音を立てた。私の住む交民巷は洋風建築が並び、街路樹が整然と植えられていたが、そのあたりを少し離れると平屋ばかりの黒い瓦屋根の旧い町並みで、その中に城門や鐘楼、鼓楼、更には昔の天文台が堂々とひときわ高く聳え建っている眺めはとても美しかった。敗戦前後、煙草の空き箱でバッタ（メンコ）遊びをしたが、その頃の煙草の一つに「前門《チエンメン》」というのがあり、立派な城楼が印刷されていた。その前門が北京に実在するのを見て妙に懐かしい思いをした。

故宮博物館や隣の中山公園には家族で行ったり、一人で行ったりした。故宮の大きさにほとほと感心した。中国全土を制覇する以前に清朝が建設した故宮が沈陽にもあったが、北京のものは較べようもないほど広大で、朝日でも夕日でも斜めに差してくる光の中で輝く宮殿の黄色の瑠璃瓦はすばらしく美しかった。象牙などに彫られた細かい細工には感心したが、手がこみすぎていて美しいとは思えなかった。故宮は明朝、清朝の皇帝の住居でもあったのだが、薄暗く陰気で住居としての居心地はあまり良くなかったのではないかという印象だった。故宮の後ろ出口のすぐ内側に、両側に赤い壁が長く何所までも続いているところがあるが、そこが気に入っていた。それが何処だったかすっかり忘れていたが、その後時々朱色の壁に挟まれた長い路地が夢に出てきた。清朝最後の皇帝溥儀がたどった数奇な運命を描いた映画「ラスト・エンペラー」にその見覚えのある場所が出てきたので、それが何処かぜひ確かめたくなった。数年前故宮を訪ねて改めてその場所が確認できた。

北京に春が来る三月に父は共産党北京市委員会が運営する北海託児所に勤務することとなった。通訳の佐藤さんも北海託児所に移ったようにも思われる。和子がその後佐藤さんと一緒に天安門広場にフォークダンスを踊りに行った事があったが、私とは交渉が全くなくなった。父の勤務先が変わったのに伴い、北京医院を出て私達は北京西北部の羊房胡同《ヤンファンフートン》に引越すこととなった。

五　北京三中

父が新しく勤務することになった中国共産党北京市委員会の北海託児所は北海公園の北口脇にあった。現在は北海幼児園と呼ばれている。沈陽の育才学校と性格は似ていたが、対象が乳幼児に限られている点と、親の幹部達が更に一層重要な人物である点が違っていた。国家主席を務めたが、文化大革命中毛沢東の迫害により命を落とした劉少奇の子供もこの託児所にいたし、父は口を濁したが毛沢東の子供もいたようである。元毛沢東の侍医をしていた李志綏が書いた「毛沢東の私生活」という本には、毛沢東の子供が少なくないことが書かれている。外国からの重要な賓客は大抵この託児所を見学に訪れた。

北京中心部には一連の大きな湖がある。毛沢東を始めとする要人が住み一般人の入れない地域の南海、中海に続いて、北海《ベーハイ》公園のある北海、その北の什刹前海《シーサー》とそれに連なる什刹後海である。他の南北に長い湖と異なって、什刹後海だけは東西に長かった。羊房胡同はこの什刹後海の南岸沿いにある典型的な胡同（小路）だった。舗装されていない狭い道の両側に古い平屋の住宅が立ち並んでいた。道路に面しては一見漆喰塗りの灰色の汚れた塀が続いているように見えたが、それは内側の住居の外壁にもなっていて、所々壁に小さな窓穴があいていた。厚い板でできた両開きの扉がついた門が一戸ごとにあり、扉の内側からは頑丈な門がかかるようになっていた。入り口の石段脇両側には高さ三十センチほどの石柱が建っていて、狛犬に似た小さな獅子などの彫刻が施されていた。もともと扉には、黒や朱色の光沢がある漆のような塗料が塗られていたのだが、大抵は長い年月にほとんど剥げ落ちて、磨り減った木地が剥き出しになっていた。門両側のおめでたい詞が書かれた対聯や上に掲げられた扁額は過去の栄光を偲ばせるものだった。

四合院という北京の典型的な住居では、門をくぐると防御のための外塀がそのまま建物の壁を兼ねている一列の細長い建物があり、正面の衝立になった壁を回るとその奥にしつかりした扉で守られた中庭を囲んで、「ロ」の字状に四棟の住宅が建っているのが普通である。中庭は大抵石畳か黒い煉瓦が敷き詰められ、石榴《ざくろ》とか夾竹桃の大きな鉢が置いてある。名士の家ともなると一つの建物も大きく、この「ロ」の字構造が更に左右や奥に繰り返されるのである。

私達の割り当てられた小さな家は両隣の古い本格的な四合院にはさまれていた。外の胡同から入る門の脇にはやはり石柱があり、門の両開きの扉も小さいながらあったけれども、門を入った正面に衝立役の壁もなく、「奥の院」には入り口を挟んだ二つの「小屋」としか呼べないような建物と三部屋からなる母屋しかなかったので標準の四合院に較べて二棟は足りないことになる。母屋と前庭の建物は、城壁周辺からでも集めてきたのか、大きな黒煉瓦でできていた。北京城の城壁は何百年もの間に何度も修理が繰り返されて城壁の外には打ち捨てられた古い煉瓦が散乱していたが、その煉瓦を拾い集めたものだろう。外には灰色の漆喰壁が塗られていた。城壁を築くのに用いる煉瓦は、両手でようやく持ち上げられるほど大きく重かった。母屋は一応まともな形の煉瓦を積み上げて作られていたが、奥の院入り口両側の建物は小さくて小屋というほうがふさわしく、破砕した煉瓦や寺院か何か大きな建物の瓦の破片をわら入り粘土で固めて積み上げ、その外を漆喰で固めてあった。表面は白く漆喰で塗られていたので一見体裁は整っていたが、漆喰が剥がれ落ちた所からは、粗末な材料が見て取れた。

母屋は真中の部屋の中央に入り口があり、その部屋を挟んで両側に炕《カン》のある部屋があった。しかしこの炕は具合が悪くて使用できなかった。窓は上下二段の障子で、真中の矩形部分だけにガラスがはまっていた。上の段は、上部が蝶番でとめてあるので、外側に開くことができた。雨が少ない割には屋根のひさしは張り出していたが、永年の風雨で障子の紙には黒ずんだ茶色のしみが複雑な模様を作っていた。天井には障子紙が張ってあったが、すっかり煤けていて雨漏りの跡があちこちに残っていた。入り口から入ると中央の部屋の左手にある調理台の傍に大きな水がめが置かれていた。引越した当初は手押し車に細長い桶を幾つも積んで売りに来る水売りから毎日水を買った。しばらくして百メートル程先の空き地に共同の水道栓ができたので水売りは失業してしまい、その後は水汲みが母と私の大仕事になった。

道路からの門に並んだ前屋には、三部屋に三所帯が住んでいた。真中の一軒には王さんが私と同年輩の娘さんと奥さんの三人で住んでいた。王さんは中学校の英語の先生だったが失業していた。ロシア語が英語に代わって中学校で教えられるようになったためである。その右端には初老の夫婦、門をはさんだ左端には苗大媽《ミヤオダマー》というおばあさんが一人で住んでいた。同年輩の婦人達が皆そうだったように、纏足《てんそく》をしていたのでよちよちした歩き方だったが、話好きで親切だった。いつも戸外に座って布靴の底を縫っていた。布靴の底は何枚もの布をしっかり縫い合わせて作るのである。便所は前庭と私達の母屋部分の屋外に汲み取り式のものが二つだけあった。夜は各家庭で馬桶《マートン》と呼ばれる便器を室内に置いて小用に使っていた。それぞれの家の主婦は毎朝下水を兼ねた門外の側溝で馬桶を洗うのだった。

北海託児所と私達の家との距離は歩いて十五分位の距離であるが、託児所は父のために中古の自転車を提供してくれた。私はその自転車で練習して、間もなく自由に乗りこなせるようになったので、父が使わない休日や夕方には私の行動できる範囲は城内全域に広がった。我が家のある「奥の院」の入り口左右の小屋は、一つは自転車入れに、もう一つはカラスのねぐらにした。風切羽を切られた子カラスを兵隊から貰ったのである。カラスは遠くまで飛ぶことはできなかったが、小屋の戸を開け放しにしておくと昼間は物干しの紐を張った棒の先にとまっていた。豚の脂身や饅頭（小麦粉の蒸しパン）のくずを投げ与えたが、とまったまま上手に受け止めるのだった。託児所の職員が一時この小屋の一つに住もうとしたこともあったが、電灯もなく住むには余りにも不便なのですぐ出て行ってしまった。

北海公園の中に託児所の通用門があったこともあって、北海公園には度々遊びに行った。公園の圧巻はなんと言っても湖の中に作られた人工島に聳えるラマ教の白塔である。故宮の甍と並んだ白塔を遠くから眺めるのも美しいが、近くでの湖水に映る影と一緒の眺めもすばらしかった。北海の白塔辺りから西方を眺めると美しい白い塔が黒ずんだ家並みの上に突き出ていた。私の通学した学校からほど近いラマ教寺院白塔寺の白塔である。近年は高層建築にさえぎられて北海からはこの白塔が見えなくなってしまった。

白塔寺でも境内で廟会《ミヤオホイ》と呼ばれるちょっとした市が立っていてにぎやかだったが、学校への往復途上にある護国寺の廟会も面白かった。向日葵や西瓜の種、落花生などを売る屋台や日用雑貨を売る屋台に混じって、金たらいなどの道具一式と椅子を天秤棒で担いできて店開きをしている床屋があるかと思えば、なにやら私にはおどろおどろしく見える抜歯用の器械や、抜いた歯などを並べている歯医者もいた。いつまで見ても飽きないのは飴細工だった。小さな荷車を仕事台にして職人は実に巧みにさまざまな鳥や動物、更には人物を飴で作るのだった。吹き管の先の暖めた飴をちょっとなめて湿らせた指で触ると魔法のように飴が形を変えた。木陰では年寄り達が鳥籠を持ち寄ってお互いの鳥の鳴き声を自慢していたり、季節によっては小さな壺の中でこおろぎを闘わせていた。荒れ果てた本堂の裏手は子供の遊び場になっていたがこま遊びの他、踢銭《ティーチェン》という遊びがものめずらしかった。穴明き銅銭二枚の穴に鶏の羽を通して固定した羽根を靴の横で繰り返し蹴って遊ぶのである。足の使い方にはいろいろ変化がありなかなか面白そうだった。私も羽根を手に入れて練習してみたが残念ながらできるようにならなかった。小学生の妹の信子や弟はかなり上手にできた。

父の歯の治療には、通訳代わりに北京大学付属病院までついて行った。病院は中南海の北側にあり、病院に隣接して緑色の瑠璃瓦が美しい北京図書館があった。北京医院時代には頻繁に行っていた対外文化協会にはほとんど行かなくなった。家から遠かったし、所属単位が変わったためかあまり歓迎されない雰囲気を感じたからである。そんな事もあって、父に勧められて北京図書館に行ってみることにした。外国語図書の閲覧室は殆ど満員で、年輩の人達が難しそうな顔をして調べものをしている閲覧室では十六歳の子供は少し場違いだったに違いない。私は図書館で漱石を読もうと最初から決めて行ったので、本を探すのに迷うことはなかった。初めに草枕を読んだ。そこに出てくるのんびりして緑がいっぱいの峠道を歩いてみたくなった。「草枕」を読んだ時には、問題がなかったのだが、次に「吾輩は猫である」を読んだ時には周りの顰蹙を買ってしまった。どうしてもくすくすと声を出して笑ってしまうのである。くしゃみ先生が厠壁の染みを写生するくだりでは、我が家の障子窓と天井の染みを思い出した。

夏休み中の夜、ガラス越しに庭先の地面で青白い光がゆっくり点滅するのに気がついて身体がすくんでしまった。あまりにも古びた家なので庭先などに昔の骸骨が埋まっていても不思議でないと思っていた所だったので、てっきり鬼火だと思ったのである。しばらく観察しても点滅のリズムに変わりがないので、勇気を振り絞って近づいて見ると、小さな昆虫が光っているのだった。「成る程、これが蛍なのか」と安心したが、このとき以外はあまり蛍を見かけなかった。夜の窓には屋根の隙間に棲んでいるヤモリが下りてきてガラスの外に張りつき飛んでくる虫を待ち構えていた。

ある時ベッドにしている炕から降りて布靴をはこうとして激痛に飛び上がった。靴を逆さにすると中から針のある尾とはさみを振りかざした五センチほどの黒褐色のさそりがポロリと落ちてきた。以前に読んだ冒険小説ではさそりに刺されると死ぬことになっていたので、目の前が真っ暗になった。父も不在でどうしたら良いか分からず、苗大媽に自分が死にそうだと訴えたが、笑って取り合ってくれないので随分薄情だと思った。しかしちょっと痛いだけで何事も起こらなかったので、少なくとも北京のさそりは蜂程度の怖さしかないことが分かった。天井裏に住んでいるらしく、その後も蒲団で足を伸ばしたときとか、靴をはくときに何回か刺されたので、靴をはくときは一度逆さにして振ってみる癖がついた。

父の勤務先の努力もあって四月中には私達の行く学校が決まった。私は編入試験を受けて北京市立第三中学の二年生、和子は北京市立新生女子中学一年に、そして信子は全寮制の学校を止めて近所の子供達が通う近くの劉海胡同《リュウハイフートン》小学校の四年生になった。弟茂はまだ六歳の学齢期に達していなかったが、遊び友達がいないのを心配した母の奔走の結果、九月から徳勝門《ドーションメン》小学校の一年に入れてもらえることになった。

北京三中は男子中学で、西北部にある西直門近くの新街口《シンジエコウ》という場末の盛り場から歩いて数分の祖家街《ズージャジェ》にあった。家からは歩いて四十分位の距離である。試験を受けに行って校舎の古さと傷んでいるのに驚いた。一九九四年に創立二百七十年を祝って学校が出した小冊子を読んで分かったが、この中学は元々満州族貴族の子弟のため一七二四年に設立された学校だったのである。日本では徳川八代将軍吉宗の享保時代である。紅楼夢の作者曹雪芹《ソウセツキン》もこの学校の先生だった。校舎は一九一二年（大正元年）に現在地に移ったが、使われていた校舎そのものは、清朝の前、明朝末の遼西鎮守大将祖大寿《ズータアショウ》の邸宅に手を加えたものだった。祖家街という地名はこの祖家の屋敷からきている。豪勢な四合院形式の大邸宅も長い間手入れされないまま使われたために、建物の外柱や窓の朱や黒の塗りがすっかり剥げ落ちてしまい、どの建物も荒廃した印象を与えた。京都あたりの築地塀で囲まれたお寺の入り口に少し似ている大きな門を入ると、次の門と並んだ建物が事務室で、そこで編入試験を受けた。この事務室の窓もガラスが部分的にはまった障子で内部は薄暗かった。数学が易しかった以外はどんな試験科目があったか覚えていない。

一九五一年四月中からこの学校の二年三組に通うことになった。時期を覚えているのは、メーデーの行進の練習が行われていたからである。メーデー当日は早朝六時頃に集合して市の東部まで歩き、そこで十時か十一時頃の出番までひたすら待機した。太陽が照り付けるので、行進が始まる頃には疲れきっていた。リーダーに合わせてスローガンを叫びながら長安街を西に行進した。毛主席を始めとする指導者が並ぶ天安門の前まで来ると、皆急に元気になり「毛主席万歳！」と叫んで、旗や手を振った。

三中はその頃まではとても小さな学校で、日本の中学に相当する初級中学が一学年三クラス、高校に相当する高級中学が二クラスだった。私達の三組は別名工農子弟班とも呼ばれていた。労働者の子弟に高級幹部の子弟が若干混じった特設クラスだったようである。創立二百七十周年記念の冊子の名簿で数えると卒業時で同級生は私を入れてわずか三十一名である。ここでも同級生の年齢はばらばらだったが、既に結婚している二十代の生徒もいた。

教室は旧い住宅の内部を取り払っただけで、クラスの人数は教室の大きさで定まった。窓はここも障子だった。壁が厚いので夏は涼しいが、冬はひどく寒かった。石炭ストーブがあったかもしれないが、皆綿入れ服を着ても寒さに震えていた。北京の冬は晴れる日が多いので、休み時間には全員戸外で日向ぼっこをした。

担任は傅維熙という口ひげを生やした体格の良い数学の先生だった。態度が重々しいので初めは馴染めなかったが、親切で良い先生だった。日本の北京占領期には短期間ながら東京高等師範（戦後東京教育大となり、現在は筑波大学）に留学したと教えてくれた。傅先生は代数と幾何を教えた。代数は易しかった。幾何の教科書はアメリカかどこか外国のものを翻訳したもので分厚く、問題の数が非常に多かった。かってチチハル時代に私を悩ませた「仮設」「終結」「証明」の幾何用語が中国語だと思えば全く違和感がないので驚いた。傅先生のお気に入りでクラス委員でもあった楊忠芳が最初に友達になってくれた。私より数歳年上だったし、老成した感じだった。楊君が傅先生から聞いたところによると、学校では日本人を取りたくなかったのだが、数学の成績が悪くなかったので、推薦してきた筋を考えると断りきれなかったのだそうである。幾何の問題の解き方を楊君と議論していると、何人かが寄ってきて人の輪ができ、自然に溶け込むことができた。楊君と林君が数学に強く私達はよく問題を解く競争をした。

大分慣れたためか、北京で使われた国語教科書の内容を今でも思い出すことができる。二年と三年に魯迅の「故郷」と「藤野先生」があった。その他にも、抗日戦争時代八路軍で医師として働いて命を落としたカナダ人のノーマン・ベーチュンを扱ったものもあった。白求恩《ベーチュン》精神は当時国際主義の代名詞だった。各国人民の間の友好協力が重要であるとする国際主義精神が強調されたので、同級生たちは皆親切に世話を焼いてくれた。武松が虎を退治するくだりの水滸伝もあった。ソ連のヤク型飛行機の設計をしたヤコブレフのスターリンとの対話も強く印象に残った。アンタイオスというギリシャ神話の巨人は大地に触れている限り無敵であったが、持ち上げられて地面から足が離れた状態でヘラクレスに殺された。共産党の指導者にとって、人民はアンタイオスの大地のようなもので、常に人民を忘れてはいけないというような話であった。国語でいろいろ教えてくれた王玉林君は、家が同じ方向だったので少し遠回りになったが、帰りはいつも一緒で親友になった。

日本のホームルームに相当する時間が週に一度あって、その時間には「批評と自我批評」つまり「批判と自己批判」が行われた。成績が下がったり、遅刻したりすることへの反省とか、利己的であった事の反省を一人一人が述べるのである。反省が不充分であるとクラスメートから批判された。私に意地悪をすれば、日本人民と日本帝国主義を混同しているという点で十分な批判材料になった。班長と呼ばれるクラスリーダーと青年団（新民主主義青年団の略、現在は共産主義青年団）団員の何人かが微妙に協力して会の進行を調整しているのが見て取れた。いつも批判の対象にされる生徒も中にはいた。結婚している肖君は、恐らく私達より世間を知っていたためだと思うが、しばしば消極的過ぎると批判された。人によると、批判されるのを恐れて自分で自分の誤りを、たとえば「校庭の清掃作業をサボったのは私の資本主義的傾向の現れだ」などと大げさに話したが、それはそれで又批判の対象になった。いつもそのような大げさで卑屈な態度を取ると、馬鹿にはされるがひどい批判は避けることができた。大衆の批判に謙虚に耳を傾け、不当だと思われる場合も相手を攻撃しないで言い分を聞くのが共産党員としての美徳だとされていたが、中学生にも共産党員の品性を求められた。そのことを心がけたためかあるいは単なる生活の智恵か、たまに論戦に巻き込まれることがあっても私は取り乱すことはめったになく、冷静でいられるようになったように思う。

当時の学校では授業を全員が理解することが社会主義的であると考えられていた。一人だけでこつこつ勉強するのは個人主義者であった。傅先生が授業の新しい試みを始めた。教室の座席五列それぞれを小さい組にして生徒で理解の早い人に遅い人の面倒を見させるのである。更に楊君、林君と私は先生に代わって小テストの採点をして、誰がどういう具合に分からないかを調べさせられた。この一部の生徒を特別扱いにする試みに生徒達は強く反発した。先生に対する不満とともに私達三人は仲間はずれになり、批判の対象になった。しかし、しばらくするとクラスのリーダーは批判会で私を他の二人と違う扱いをした。二人が批判される場合も私は言及されないのである。二人と一緒に行動するべきだとは考えたが、批判されるのは億劫だったので、結局二人を弁護して発言することができなかった。

羊房胡同の暮らしで私達一家は主食が白米の暮らしに戻った。北京近郊の小站《ショウジャン》でとれる小站米はおいしいことで当時から定評があったが、庶民の主食はまだトウモロコシの粉、粟、蕎麦粉などであった。前屋の三軒では、屋外の練炭コンロを使って食事の用意をするので、毎日どんな食事をしているかが、出入りする私にはよく分かった。餃子の皮も小麦粉ではなく蕎麦粉だった。学校に弁当を持っていくとすれば白米になるのだが、他の友達がみんなトウモロコシの粉を蒸して作る蒸パン窩頭《ウオトウ》なので目立つのが嫌だった。何人かの裕福な同級生は学校構内にある立喰式のうどん屋に行っていたが、そこの主人と便所で一緒になり、陰茎が随分ただれているのを目撃したのでうどん屋では食べる気になれなかった。王玉林君も弁当を持ってこなかったので、私達は校外で食べ物を買った。最も多かったのが焼き芋、次は粟の粉を丸い鉄板上で薄く伸ばして焼いた煎餅《ジィエンビン》だった。煎餅の粟の黄色や厚さは錦糸卵を作るときの薄い卵焼きによく似ている。煎餅は直径四十センチ位もあったが、小麦粉を揚げて体積を十倍にも膨らませた油条《ユウテヤオ》を煎餅で巻いて食べるのはなかなかの味だった。学校を出た街角に老豆腐《ラオドウフ》売りが店を出しているときには、欠かさず老豆腐を食べた。天秤棒で担いでくる片側には、コンロで暖めてある軟らかい豆腐が鍋に入れてあり、もう一方には、茶碗、さじや薬味を載せた盆があった。清潔さの点で問題はあるが、杓子ですくって茶碗に入れてくれる軟らかい豆腐にたれと薬味をたっぷり乗せて食べる味は絶品だった。

三中の生活でなじめないものが二つあった。その中の一つが夏の昼寝だった。教室の机を片付けて、煉瓦敷きの床に直接汚れた大きな毛布を敷き昼食後一斉に昼寝をするのである。健康に良いということではあったが、昼寝の習慣のない私には苦痛だった。たまに寝入ることもあったが、そのときには寝入りばなを起こされて気分が悪かった。

もう一つの嫌いなことはフォークダンスだった。国慶節などの大きな祭日では中学生や若者が天安門広場に集まって踊るのが当時の慣わしだったが、普段から踊ろうということで、ほとんど毎日のように昼休みや放課後に運動場で踊らなくてはならなかった。私は踊るのが苦手でへたくそだったので、踊らなくてもすむ方法を考えついた。当時ハーモニカが少し吹けたのでハーモニカによる伴奏を提案した。要望に応じて曲目をレコードよりすばやく変えられるので、賛同が得られて五、六人のハーモニカバンドができた。マイクを前にハーモニカを吹いている間は踊らないですんだ。ハーモニカ団は最盛時三十人位のメンバーが集まり、「三回無断欠席ならば除名」など規則を作り活動をしたが、皆ハーモニカを一本しか持っていないので半音が出せず、演奏できる曲目は極めて限られていた。楽譜はガリ版で印刷したが、当時中国では一般に五線譜は使われず、数字で音の高低を表した。たとえば数字の「1」は「ド」、「3」は「ミ」を表すのである。華僑排斥運動のあおりでインドネシアから帰国して来た生徒がアコーデオンを持っていたので、ハーモニカバンドは間もなく失業の憂き目にあった。

現在も依然続いているが、当時の毛主席に対する一般民衆の敬愛は本当に大変なものだった。組織的な個人崇拝が行われたというよりは、民衆の殆ど盲目的といえるような崇拝が個人崇拝につながったような気がする。私達中学生は字を書くときにも毛沢東の個性的な字体に似せようとした。土地改革が行われ、地主の土地、財産を分け与えられた農民達が共産党や毛沢東を称える様々な歌を作った。ラジオなどでそれらの歌を当局が積極的に流した効果はもちろん大きいが、私達は歌う事を強いられたということはなく、新しい歌が流行れば皆それを覚えて得意になった。それとバランスを取るようにソ連からスターリンを称える歌が大量に入ってきた。西洋音楽の雰囲気が好きだったので、私はこれらの歌も熱心に覚えた。作曲家プロコフィエフの名を最初に覚えたのはバスで歌われる「スターリン賛歌」の作曲者としてである。

ソ連映画「幸福な生活」は、社会主義のすばらしさを私達中学生に信じさせるにはとても良い映画だった。独ソ戦争から帰ってきて国営農場《ソフォーズ》で働く農民達の暮らしを描いたミュージカル風の映画だったが、登場する農業機械や灌漑施設のすばらしさに私達は目を見張った。この映画で歌われた歌の数々を私は一生懸命覚えたので、いまでも断片を思い出すことができる。その中の一つでメロディーが軽快な「クバンのコサック」は日本でも一時しばしば聞く事ができた。「各尽所能、各取所値」(各々の能力に応じて働き、その貢献に応じて所得を得る)という社会主義の段階を越えて「各尽所能、各取所欲」(……働き、欲しいだけの所得がある)という共産主義社会にソ連は移行しつつあるということだった。敗戦直後に見聞した貧しく軍紀の乱れたソ連兵の姿が私の記憶になかったわけではないが、すばらしい映画の中の世界が現実なのだと勝手に思いこんだ。

六　三反五反

私達が北京に着くのと前後して中国人民義勇軍が鴨緑江を渡り、中国国境間近にまで迫った米軍を再び三十八度線まで後退させた。戦局は間もなく膠着状態に入ったが校内放送のニュースでは連日義勇軍の奮戦振りを伝えた。義勇軍の兵士は「最可愛的人《ゾェコーアィデレン》」（もっとも素敵な人）と呼ばれた。そんな或る日義勇軍の兵士達が戦況報告をしに学校にやってきた。毛沢東の「人民は力」という言葉の通り、義勇軍兵士が装備に勝る米軍と戦っている様子が生々しく話され、生徒達はすっかり興奮してしまった。米軍を最終的に追い返すには一層の戦力増強が必要で、人民義勇軍に参加する志願兵を募っていることを話して報告は終わった。クラスの生徒達は口々に参加の希望を述べた。誰か冷静な生徒が、義勇軍兵士に尋ねた。「みんなが参加を申し出ているが、あなた達はどのような生徒を求めているかそれを教えて欲しい」。兵士によれば今回求めているのは高射砲部隊に配属される要員で、数学の強い生徒が良いということだった。何人かが私を推薦したので、何か発言しなくてはならなくなった。私自身は兵士になりたいとは思っていなかったが、そんな気持ちを素直に表現できる雰囲気ではなかった。とっさに「私は日本人だ。日本人が戦争に加わっていることが分かれば、国際問題になり兼ねないと思うが、皆さんの意見を聞きたい」と発言した。兵士も日本人では問題があるという意見だったので、私は焦点から逃れられた。クラスの何人かが正式に志願したが、結局そのときクラスから義勇軍に参加できた生徒はいなかった。

三中に張迅如という傷痍軍人が副校長として赴任してきた。左手に損傷があり手袋をしていたが、興奮して手袋をはずすと一面にケロイドのある引きつった手が見えた。党支部書記も兼ねていて生徒たちに大変人気があった。講堂はその昔に祖大将の屋敷だった頃の主屋だったが、そこに全校生徒が集まって張先生の体験談を聞いた。抗日戦争で国民党軍との協力関係が一応保たれていた頃の話が面白かった。国民党中央軍の将校になっていた大学の同級生が、張先生に「全く展望が開けない八路軍を辞めて中央軍に加わらないか」と勧めた。「国民党にいても志さえあれば国のために働くことができる。共産党に入って夢を追っても君の生きている間は何もできないよ」と言ったそうである。十年以内に共産党が国民党の支配を覆せるとは当時誰も予想していなかったのである。

一九五二年早々に中学にも「三反五反」運動がやってきた。「三反」とは、「反貪汚、反浪費、反官僚主義」で貪汚は汚職・収賄のことである。国民党時代は汚職腐敗が横行してそれが政権の崩壊につながったのだが、遊撃戦争時代に辺境の地で清貧に甘んじていた共産党幹部の間でも早くも「腐敗」が目立ってきたのだった。「親方日の丸」に対応する「鉄飯碗」（こわれっこない茶碗）という言葉が表すように、幹部の間で国の財産の浪費を気にしない風習とひどい官僚主義が横行したのである。「五反」の方は贈賄、脱税など資本家の違反行為を摘発する運動だった。経済の活性化のためにいわゆる民族資本家の活動を奨励したが、図に乗りすぎた資本家を懲らしめようという訳である。現在の中国でも是正されたとは言えない悪習に反対する大規模な大衆運動が共産党中央の指導の下で始められた。連日の新聞報道に追いかけられるように学校でも学習と批判・自己批判が始まった。友人の王玉林君は「われわれの学校は余りにも貧しく汚職したくともするほどのものは何もないし、浪費できる経費もない、まして反対すべき官僚だっていないじゃないか」と運動に対して極めて冷淡だった。実際最初の内は「学校備品の遊具をこっそり持って帰った」とか「学校の新聞を借りて返さなかった」といった些細な「告白」ばかりだった。結婚している肖君は、些細な事で「資本主義的」だと皆から批判された。三反運動のための時間が設定されていて、皆が何かをしなくてはならないと思っているときに、たまたま肖君が目についただけではなかったかと思う。

しかし運動が進んで行く内に次第にクラスの空気は深刻になっていった。何人かの生徒は「奨学金を貰う身で外の食堂に行っておいしい昼食を食べられるのはおかしい」とクラスの会議で告発された。何回かの批判会を経て、これらの生徒は泣きながら「国家財産の浪費」を自己批判して奨学金の辞退を申し出た。私の親友でもある楊忠芳君はもっと深刻な立場に置かれた。彼は人望があったのでクラス委員をしたことがあるのだが、その指導的立場と影響力を行使してクラスに資本主義思想を広めたと批判された。王玉林君がある時期新民主主義青年団の脱退を申し出たことがあったが、それは楊君の影響によるものだとされた。批判が続く中で、楊君がかって数か月国民党軍に通信兵として在籍したことがあるのに、それを「隠して」いたことが告発された。青年団に敵対的意見を持つのはその経歴が原因しているというのが皆の見方だった。入学に際して提出した書類にはきちんと経歴が記載されていた筈で、特別隠し立てしたわけではないという楊君の反論は批判を長引かせただけだった。「隠し事は洗いざらい告白しろ」という追求で楊君はクラス委員時代にクラスで抗美援朝の義捐金として集めた五万元を家計に一時流用していたことを告白した。当時小説などの単行本一冊の値段が一万元前後だった。楊君は思想点検を終えてようやく解放されたが、クラスでの影響力は明らかに低下した。「同志的」な批判が行われたのでお互いしこりが残らない筈だが実際は王君、楊君と私の三人の間はしばらくぎこちなかった。楊君は神経が細やかな人で、そんな中私の家まで遊びに来て色々な裏話や自分の感想を話してくれた。

国民党時代からの校長孫先生は張副校長が赴任して以来影が薄くなっていたが、三中での三反運動の標的にされてしまった。冬休み中の二月初旬だったが生徒達に緊急の召集が掛けられた。行方をくらましていた孫校長が見つかって学校に連れてこられたのだった。罪を悔い校長汚職の全貌を告白した事務員も一緒だった。講堂に全生徒が集まり、「坦白会《タンバイホイ》」といわれる糾弾大会が開かれた。演壇の脇に座らされた孫先生は長い丈の袍《パオ》という伝統的服装をしていたが、土気色の顔で無表情だった。かわるがわる登壇して糾弾する先生や生徒、それから壇下からの生徒たちの怒号は良く覚えているが、孫先生の具体的罪状は定かでない。当時のメモから推測すると学校に物品を納める業者と結託して経費をピンはねした事と国民党時代の校長としての責任を追及されたのではないかと思う。私も皆に合わせてスローガンを叫んだが、一方では校長ともあろう者は糾弾されるにしてももう少し昂然としていた方が良いと思ったし、他方ではこんな多くの群衆の中で一度悪者にされてしまうと弁明は全く無駄だという不安を感じた。その後の文化大革命時代と異なり、小突いたり、手を出したりする人はいなかった。文化大革命時代の話を聞くと、無駄な抵抗は命にかかわることなので、孫校長は賢明だったと言うべきだろう。数学の傅先生は文化大革命で悲惨な死に方をされたそうである。当時全国的に繰り広げられた中国の土地改革では地主に対する闘争大会があちこちで開かれたが、国民党時代の復活を心配して貧農達が地主を殺したがるという話は生徒の間では常識だった。大ヒットした歌劇を映画化した「白毛女」に出てくる地主は殺されて当然なほどの悪党なので、実際地主が死刑になっても誰も驚かなかった。創立二百七十周年の記念冊子にはこの頃の記述が全くない。アルバムには孫校長の写真が掲載されているので、名誉回復があったと思われる。糾弾大会の後、間もなく張先生が校長になった。

オストロフスキーの「鋼鉄はいかに鍛えられたか」という小説は当時の生徒に大変人気があった。バーベル・コルチャーギン（保尓・柯察金）という一人の青年が無私の理想的共産党員に育って行くまでの恋あり、冒険ありの生涯を描いたこの小説は大変面白いので、私は映画を見て、芝居で見て、原作を何遍も読んだ。その他にもソ連やロシアの作家の本を学校の図書館から借りてせっせと読んだ。ツルゲーネフ、プーシキン、レールモントフといった作家が気に入っていた。西欧のものはバルザックとかジャック・ロンドンなどが図書館にあった。ロシアや西欧の生活様式や歴史が判かっていたわけではないので、読んでいるときにはそれなりに面白くてもすぐ忘れてしまった。

私の親友の王玉林君は中国の古典的言いまわしに強く、国語が優れていた。たとえば、私なら単純に「一旦口にしてしまった事はもう取り消せない」と言うところを王君なら「一言既出駟馬難追」（出てしまった言葉は四頭立て馬車でも追いつけない）という古典を引用できるのである。少しばかり中国の現代小説を読んでもとてもこのような素養は身につかないので、私は意識的に翻訳小説の文体を真似た。ショーロホフの「静かなるドン」の中国語訳が面白かったので、その文体を真似て作文をしたところ、却って新鮮に映ったのか作文は先生にも生徒にもほめられ皆の前で朗読された。中年婦人の尚先生は、作文で私の書き方がおかしい所をいつも丁寧に赤インクで直してくれた。

王府井にある国際書店でひどく分厚くて大きな活字で印刷された口日辞典を手に入れた。モスクワで出版されたものである。中学校では誰もロシア語の辞典を持っていなかったが、その辞書のおかげで私だけは自由に調べる事ができた。国際書店で買ったプーシキンの「漁師と魚」という詩の絵本に中国語訳をつけて先生に見せたところ、先生が皆に回覧した。この絵本を買ったときには気づかなかったのだが、訳している内に小学生の頃「西洋文学選」という本で読んだ事があるのを思い出したので訳すのはそれほど難しくなかったのである。そんなこともあってロシア語班の責任者に選ばれ、ロシア語の得意でないクラスの生徒二十名を課外で面倒を見ることになったが、遅刻者が多く余り効果が挙がらなかった。

時事問題の学習が定期的に行われたが、私は沈陽で発行されていた日本語の週刊「民主新聞」に転載されていた日本の反戦平和運動関連の記事を織り交ぜて発表した。たまたま残っている当時のメモによると、昭和二十七年秋、戸山高校では学生行動隊が結成されて、日本再武装反対のため十万人の署名を集めるよう徳田共産党書記長に訴えたとのことである。歴史などの科目でも日本語の本も読んでいると、授業とは一味違った答案を書くことができるので得意になっていた。

この学校では生徒のクラスでの順位を発表していなかったこともあり、悪くはないと思っていたが自分の成績は余り気にしていなかった。多分三年の前期終了のときだったと思うが、張校長が校内放送の訓話で「これまで日本人の或る生徒が最高得点だったが、今度の学期は一年生の某君が最高得点だった。私はうれしく思うとともに、諸君の一層の勉学を期待する」と述べた。どうやって違う学年の成績を比較するのか不思議に思うのと同時に、唯一の日本人という私の微妙な立場を思い知らされた気がした。

気になるでき事がもう一つあった。日本人の子供の間ではやった「けんけん相撲」を実演付きで肖君に説明したのだが、私よりずっと大柄な肖君がちょうど腰の上にきてしまい、結果として派手に投げ飛ばしてしまった。「しまった!」と見まわすと周囲にいた何人かの同級生の目には普段見られない憎しみの感情が浮かんでいた。そのときは何事もなかったが、その後体の大きい林君が「どっちが強いか確かめよう」としつこく格闘を挑んでくるので閉口した。

三中で経験して忘れられないものに蝗《いなご》退治がある。二年生の終わりか三年生になり立ての頃である。近郊の農村で蝗が大発生した。布団と手製の蝗退治の武器持参で、全校生徒が汽車で数時間のところにある農村に出かけた。武器というのは、取れないよう古靴の底を先端に針金でしっかり結びつけた長さ五〇センチほどの棒である。村の小学校に持参した布団を置いた後直ちに蝗退治が始まった。私達何百人かの新着組は一面に広がる草原の中をしゃがんだ姿勢で一列に並び、靴の底で地面を軽く叩きながらゆっくり前へ進むのである。乾いて黄ばんだ細かい粒の土の上に枯れかけた余り高くない草がまばらに生えていたが、草にも地面にも一面に大型の蝗がうごめいていた。地面を叩きながらゆっくり進むと蝗は飛び立たないでぞろぞろと歩いて移動した。一匹が飛び立つと全部飛んでしまうので、列は蝗を驚かせないようゆっくり前進した。太陽が照り付け、目がくらくらした。蝗の行く先には幅の狭い深い溝が掘られていて、盛り上げられた土の後ろにショベルを手に潜んでいた別の一隊が蝗の溝に落ちる頃合を見計らって一斉に土をかぶせた。追いたて作業を繰り返した後、その夜は小学校の教室の土間の上で一枚の薄い布団にまるまって寝た。疲れていたので、寝心地を考える余裕もなかった。次の日は朝からの作業で、夜北京に帰りついたときには本当にへとへとだった。

一九五二年七月に私はようやく中学を卒業できた。チチハルの日本人学校で中等部に入って以来約六年かかって中学を卒業したことになる。私や王君などクラスの半数位は日本の高校に相当する三中内の高級中学に進学した。本人の希望もある程度考慮されたとは思うが、「国家の必要」に基づいての進路振り分けが行われたので、さまざまな悲喜劇が起こった。楊君、林君の工業学校進学は妥当な所だったが、ロシア語が最も苦手な奚君がロシア語で講義が行われるという水利学校に行くことになり、皆大いに同情した。

第三章 ——帰 国

一 日本へ

一九五二年（昭和二七年）九月から日本の高等学校に相当する高級中学一年生として三中に通い始めた。一学年二クラスで、クラスには五〇名の生徒がいた。祖大将の邸宅主要部分の建物が私達の教室に当てられた。窓はやはりガラス入り障子ではあったが、高い天井が太い朱塗りの柱で支えられ、古びていたとは言え堂々とした風格があった。数学、物理、生物などの教科書はソ連のものを編訳したものだった。演算の可換性や結合則等から始まる本格的な代数の教科書はこれまでの「実用性」を主眼とした数学とはひどく異質で私にはその重要性や斬新な点が理解できなかった。数学は傅先生ではなく新しい先生が教えたが私の質問に対する応対を思い出してみると、先生にも戸惑いがあったように思われる。

依然として続いている朝鮮戦争を反映して体育は軍隊関連のものが増えていた。たとえば手榴弾投げである。中国の手榴弾は旧日本軍のレモン型のものと違って円筒形の本体に木製の取っ手が付いている。取っ手の安全ピンを抜いた後うまいタイミングで投げないと拾われて爆発前に投げ返されたりするが、授業では本物を投げるのと同じようにタイミングを計って模擬手榴弾を投げた。私はなかなかうまく投げられず、「そんな投げ方じゃ自分がやられちゃうよ」とからかわれた。

体力増強のためにランニングも奨励された。体育の種目で唯一つ人並みなのは長距離走だったので放課後にはランニングに精を出した。十月中だったと思うが、走っている最中左胸から背中にかけて苦しくなった。気のせいだと二、三日我慢してがんばってみたが痛みは激しくなり、呼吸をする度に左肺の下の方で何か擦れているような音がした。最初は風邪だろうといって取り合わなかった父は聴診器を当てると顔色を変えたが、これが私の半年にわたる療養生活の始まりだった。北京大学付属病院に二度程レントゲン撮影に行った以外は父が治療した。病名は肋膜炎である。現在では胸膜炎といわれるこの病気は、簡単な医学書では癌性胸膜炎などの記述はあっても結核性のものには触れられていなかったりするが、この頃は肋膜といえば結核性だった。毎日夕方になると熱が出た。普段父が家族を診る事はほとんどなかったが、今度は数日に一度聴診器を当ててくれた。これまで父の診察を何度か傍で見ていたことがあるが、私を診るときには別人のように頼りなかった。ため息をついたり、「おかしいな」とつぶやいたり、普段患者と自信たっぷりの態度で応対する父からは想像できない迷いがみられた。当時中国では大変貴重な戦後開発された結核の特効薬ストレプトマイシン、ヒドラジッド、パスなどが治療に使われた。これら米国製の薬は父が勤務先で工面したものもあったが、近くに学校がある妹の和子が西単《シィダン》市場近くにある薬局から買ってきてくれたものもあった。一緒に行った妹の同級生は薬が高価なので驚いていた。「耳が変だ」という私の訴えでストレプトマイシンの使用は間もなく打ち切られた。当時私は知らなかったが、「ストマイ難聴」という言葉が作られたほど、特効薬ストマイには強い副作用があったのである。年が明けて二月頃には病状が大分落ち着いて寝たり起きたりの暮らしになったが、それでも微熱はとれなかったし、血沈という血液の検査結果は永久に正常値に戻りそうになかった。

同級生の王君は何度も見舞いに来て学校の進み具合を教えてくれたり、学校の図書館から本を借りてきてくれた。その中の一冊、ゴーリキーの未完の小説「クリム・サムキンの生涯」は、熱があるときに読んだせいか、奇妙に印象に残っている。この頃チチハル時代の親友小宮君がひょっこり家に立ち寄ってくれた。鉄道関係の日本人技術者とともに移動して、お父さんの小宮先生はその頃甘粛省《カンスー》の天水《テンシュイ》というところにおられた。新疆《シンチアン》経由でソ連に至る鉄道の建設に日本人技術者が協力していたのである。小宮君は天水の初級中学を卒業後、天津鉄路高級中学で勉強していて、家からの帰り道に立ち寄ってくれたのである。高級中学卒業目前の小宮君に較べて、遅れた上に病気で寝こんでいる自分がひどく情けなく思えた。

一九五二年頃から日本と手紙のやり取りができるようになり、私達と日本にいる親戚・知人との連絡が取れ始めた。福島県にいる父の叔父は、父に医者の同業雑誌「医事新報」を定期的に送ってくれた。叔父の七女で私より一歳年長の礼子さんは、手紙で日本の生活の様子を伝えてくれた。

北海託児所の仕事は自由になる時間も多いようで、父は米国医学書の海賊版を買ってきてはせっせと勉強していた。粗末な紙に印刷された海賊版の医学書は西単市場の中にある古本屋で売っていたが、海賊版とはいえ大変高価だった。一冊百万元位もしたが、発病前私は父の通訳として値切る交渉に付き合った。

週刊の民主新聞と、民主新聞で出していた月刊雑誌前進を相変わらず購読していたが、北京放送局で働く日本人家族と時たま交流がある程度で、その頃は北京に在住している他の日本人とは殆ど交渉がなかった。一年間徳勝門小学校に通った弟茂は、一日中一緒に遊ぶ友達が隣の四合院にいたので、日本語を聞くことはできても話せなくなっていた。母は中国語を多少聞き取れても話せないので、二人の会話はとても珍妙だった。

沈陽で伊藤さんに直してもらったラジオの短波は壊れていたが普通の中波放送は聞くことができた。父はＮＨＫのニュースを聞いていたようだが、私はあまり興味がなかった。むしろ特長ある鐘の音がコールサインのモスクワ放送や「民族の自由を守れ!…」という民族独立行動隊の歌で始まる「自由日本放送」をよく聞いた。この放送局は日本にあると当時聞かされたが、実際は中国の東北地方か朝鮮にあったようである。一九五〇年始めのコミンフォルムや中国共産党による平和革命論に対する批判を受け入れ、地下に潜行した徳田球一らが山村工作隊などによって武装闘争を試みていた時代である。日本共産党の現在の路線を作り上げた宮本顕治は当時の指導部から排除されていた。一九五二年五月に、皇居前広場でメーデー集会を開こうとした群衆と警察が衝突して、死者二名、負傷者約千五百名といういわゆる「血のメーデー事件」が起こった。民主新聞でも別冊グラビア写真集を発行してその様子を伝えたが、グラビアから私の想像する日本は正に革命前夜であった。

日中両国の赤十字を通じての交渉が実を結んで一九五三年二月に私達留用日本人が帰国できることが急に決まった。交渉を報道する民主新聞に参議院議員高良とみや、帆足計がたびたび登場したのを覚えているがきっと大きな役割を果たしたに違いない。この二人も父が勤める北海託児所の見学に訪れた。父は叔父を頼って福島県に引き揚げることにした。

二月二十八日に学校に行き退学の手続きを取った。久しぶりにクラスに行って別れのメッセージを同級生達にノートに書いてもらった。最初のページを書いてくれるよう親友の王君に頼んだ。工業学校に行っていた楊君や林君も私の帰国を友人から聞いてメッセージを送ってくれた。

帰国に際して荷物は持てる範囲で何でも持って帰ってよろしいと言われたが、持って帰るようなものは身辺には何もなかった。私は高級中学一年の教科書一式の他にスターリンの「レーニン主義の諸問題」を持って帰ることにした。大変分厚くてハードカバーの立派な本をきちんと読まないで捨てるのはもったいなかったのである。もう一冊の厚い本である ロ日辞典は語学の得意な同級生に記念品にしてもらった。中国語を忘れないようにと王府井の新華書店に行って何冊かの本を買った。これらの本は現在も手元にあるので挙げることができる。日本でも数種類の翻訳がある老舎の「駱駝祥子」、土地改革を描いた丁玲の「太陽は桑乾河を照らす」、魯迅短編集、それにプーシキン短編集とエレンブルグの現代小説だった。父は苦心して買った海賊版の医学書何冊かを持ち帰った。

私達の暮らしは当時の北京では悪い方ではなかったが、インフレが激しく現金を持っている意味がなかったので貯金らしい貯金は殆どなかった。ほとんど着ていない冬用軍服とラジオ位しか多少とも値打ちのありそうなものはなかった。沈陽で配られた軍服を着て北京に来たのだが、北京では濃い紺色の「行政幹部」用の人民服が改めて配られ、結果として軍服が余っていたのである。母と私は軍服とラジオを三中の傍にある古物屋に売りに行った。値段の交渉が長引いていると人民警察がやってきて尋問を始めた。古物屋の親父はひそかに連絡して警察が来るのを待っていたのだ。私達の身分が確かめられてようやく放免になったが、持っていった品物は売れずに又持って帰ったような気がする。

父の勤務先の託児所では北京近郊の盧溝橋などに父を案内してくれたり、私達家族全員を託児所に招待したりして別れを惜しんでくれた。また、中国内で消費することを条件に、ある程度のまとまったお金を帰国準備に支給してくれた。北京では帰国する日本人は一時東方飯店というホテルに集められ、頤和園や故宮などの名所に案内してもらったが、病み上がりの私はホテルに残ったらしくこの頃の記憶が残っていない。その後日本からの船を待つ数週間を天津の招待所で過ごしたが、その間支給されたお金を使って父は最高級純毛毛布二枚、家族全員の靴、私の腕時計などを買った。このスイス製腕時計は当時まだ珍しい秒針が中央にある自動巻き防水タイプの、一見するとすばらしいもので大変高価だったのだが、修理のできないピンレバーウオッチと呼ばれる使い捨て時計であることが帰国後分かった。私の買った革靴は編み上げの頑丈な物で、大切にしたので十年後の大学院の頃まではくことができた。

天津には北京医院の坂本先生が来ていて帰国する人達の健康検査をした。私達を見つけて、私の健康を考えるとまだしばらく中国で暮らした方が良いのではないかと、残ることを父に勧めた。坂本先生は当分残らなくてはならなかったのである。父が強い口調で「帰ります」と言ったとき、坂本先生の顔がさびしそうな表情になった。

乗船した船は引き揚げ船として有名な興安丸ではなく、その姉妹船高砂丸だった。大きな船室に大勢一緒だったが、私が知っている人は殆どいなかった。放送局に勤めていた顔見知りの人の娘さんが中国人と恋仲になり出産したが、結婚して残ることができず、生まれたての乳児と一緒に乗っていた。帰国した後には自分の母の子供として届ける予定だとか、皆の噂の的になっていたが、娘さんは悪びれた様子もなく、堂々と母親として振舞っていたので感心した。

幼ない頃に海水浴に行った事はあるが、物心ついてからは初めての海なのでものめずらしく、明るい間はブリッヂ脇の甲板から海を眺めた。寒かったに違いないが、今思い出すのは甲板から眺めたどこまでも広がる海面である。日本は初めてなので、「帰る」というより見知らぬ土地へ乗り込むという緊張・昂揚感が続いていた。帰国者に対する調査項目を国警が県警に対して指示したことなどを民主新聞が伝えていたので、敵地に乗り込むという心境でもあった。航海中衆議院選挙の開票速報がスピーカーを通じて流されていたが、どの選挙区でも共産党の得票が少ないのに驚いた。この時当選した共産党の候補は僅か一名だった。私とほぼ同じ年で、沈陽の日本人学校にも行っていた新宅君と甲板で仲良くなり、互いの差し当たりの落ち着き先住所を交換した。新宅君が帰国後の落ち着き先がどんな所かある程度判っているのに対して、自分の落ち着き先について何も知らない私はひどく心細かった。

日本が近づいてくると小さな漁船の数が急に増えてきた。入り江になっている舞鶴港を取り巻く丘陵は緑の樹木に覆われていて、乾いた印象を与える中国に較べとてもみずみずしく感じられた。上陸して旧兵舎と思われる木造バラックに落ち着いたのは四月二十四日のことだった。私達の引き揚げ船には大きな機関からの纏まった引き揚げ者がいなかったせいもあったと思うが、赤旗組、日の丸組の対立もなく上陸は順調だった。私達の後の引き揚げ船では、日の丸を掲げての入港を主張するグループと赤旗を主張するグループが対立して大変だった。日の丸組の両親と赤旗組の子供に分かれてしまった家族もあったそうである。

文部省と思われる若い係官がやってきて、「中国の教科書を集めているので協力して欲しい」と言ったが、政府関係者にはすべて警戒感と敵愾心を持っていた私は、「持って帰ってきたけれど手放したくありません」と断った。諸手続きが済んで食事が終わった時は薄暗くなっていた。周りで舞鶴の町に出る人もいたので私も家人に断って様子を見ようと出かけたが、町の灯りに敵意があるかのように思えて早々に引き返した。大部屋では出迎えの人とにぎやかに話す人もいれば、誰も迎えがなくひっそりとしている人達もいた。奥さんの親戚を頼って敗戦後すぐ魚津に引き揚げていた父の弟である融叔父さん夫妻が翌日訪ねてきて、魚津に落ち着くことを父に勧めたが、叔父さん達の暮らし向きには私達一家六人が頼れるほどの余裕はなさそうだった。

差し当たりの生活費と福島県までの汽車の切符、旧日本軍の半そでシャツや毛布などの援護物資を少しもらった後、私達は東京に向かった。人民服、人民帽という乗船したときのままだったので一般乗客と一緒でも列車の中では私達が引き揚げ者であることは一目でわかったに違いない。東京に近づいた頃、列車の便所を内側から開けたとたんに鉢合わせしたのが、福島県から迎えに来てくれた彬《まこと》さんとの初対面だった。

東京では祐天寺にある母方の祖母の家に数日泊めてもらった。大きな家ではあったが、祖母と叔母の尚子さんは孤児になった四人の孫の面倒を見ていて、その上はとバスに勤めている泰夫叔父さん夫婦も同居していたので、私達六人が転がり込むのは大変だった。翌日私は福島県から迎えに来た彬さん、叔母の家に下宿していた従兄の崎山昭さんに連れられ東京見物に出かけた。銀座では看板や広告が華やかで人々が皆着飾って歩いているのに感心した。米兵と連れ立って歩いている女性を見て、これが話に聞くパンパンかと思ったが、毒々しい感じはせずむしろ皆美人に見えたので意外だった。恐らく銀座では人民服姿の私のほうがずっと目立っただろうと思われる。ロードショウの映画館に飾られた巨大な看板にびっくりして私が立ち止まったからだと思うが、アメリカ映画を見せてくれた。映画の筋よりもテクニカラーの色彩がソ連映画のアグファカラーに較べてどぎついというか鮮明なのに感心した。バンド生演奏がある喫茶店や三越か高島屋にも案内してくれた。何を食べたかは覚えていないが、銀座でご馳走になった昼食はとてもおいしかった。中国に較べて遥かに豊かな日本を私に見せようとしてくれたのかもしれないが、私は「退廃した資本主義」に負けまいと一層気を引き締めた。泰夫叔父さんの好意で、その翌日ははとバスで一家揃って一日東京見物をした。皇居前広場、靖国神社や歌舞伎座を見て駒形どぜうを食べた。皇居前では小学校の教室に掲げられていた「二重橋」を見て懐かしい気もしたが、「血のメーデー」も思い出した。

福島県の中村町（現在は相馬市）に到着したのは四月三十日だった。日付がはっきりしているのは、翌日がメーデーなので何かデモや集会などがあるかを叔父さんに聞いて笑われたのを覚えているからである。叔父さんは印刷所を経営していたが、資材置き場二階の畳敷きの部屋を私達一家に使わせてくれた。町営住宅ができあがるのを待って、二、三週間後私達はそこへ引っ越した。

統計によると昭和二十八年には約二万六千人が中国から引き揚げた。チチハルにいた外園君達は列車ではるばる上海まで南下して、そこから引き揚げたそうである。

二　相　馬

中村に着いて数日後、叔父さんは私を県立相馬高校に連れて行ってくれた。教頭と思われる先生が応対してくれた。私は高級中学にほんの一月程通っただけなので当然一年生のクラスに編入されるものと思っていたが、退学の証明書を提出して説明する前に先生が「何年に入りたいのか」と聞いた。小学校六年を飛ばしたのに中学校に六年もかかったおかげで、私は二年遅れていた計算だったので、「もし良ければ二年に入れてください」と頼んでみた。一年の数学教科書を一週間勉強の上試験をしてその結果次第ということになった。英語は当面試験をするだけ無駄だという私の主張が通って試験はなしになった。数学の解析Iの教科書は大体私が習った範囲だったが、中国では「写像」や「関数」という言葉を使って習ってはいなかった。又、弧度法《ラジアン》による角度の表示も知らなかった。これらについては、私が北京時代から文通していた叔父さんの七女礼子さんの助けを借りた。その他でも礼子さんには大変世話になった。礼子さんが面白いという本で私が読んだことのないものがたくさんあったが、叔父さんの所にあった世界文学全集を利用して半年ほどせっせと読書に励んだ。実際の年令は一歳しか違わない筈なのに、気っ風が良く世話好きな礼子さんにはすっかり圧倒されていた。

一週間後試験を受けて無事二年生になれた。叔父さんは子供が多く、又子供達の成績も良かったので中学校や高校のPTA会長を何度も務めたが、当時は相馬女子高校のPTA会長だった。その関係もあって相馬高校には女子生徒が学年あたり十人以上いたのだが、妹の和子は相馬女子高校一年に入学した。信子は中学一年、茂は小学二年に編入された。茂は日本語が話せないので当初登校を嫌がったが、数か月で適応した。信子は日本で学校に行くようになって、気分が楽になったと見えて、字が見違えるようにきれいになったというのが母の印象である。

帰国した私達を迎えに来てくれた彬さんは私より三歳年長だが、彬さんの要らなくなった高校の制服をもらうことにした。いよいよ学校に行くというときになって私の長髪を見た彬さんが心配した。長髪は禁止されているわけではないが坊主頭が普通で、長髪で登校すると運動部の生徒につかまって坊主にされるかもしれないと言うのである。中村町は人口が三万程度だったが、相馬六万石の城下町で旧制相馬中学の「ばんから」の伝統を受け継ぐ相馬高校では、高下駄をはいて腰から手ぬぐいを下げている生徒も多かった。坊主頭にした方が良いという忠告を聞いて少し迷ったが、断固長髪で通すことにした。しかし心配する程のこともなく何事も起こらなかった。新中国の情報は少なかったが、蒋介石の政府を打倒して朝鮮では米国と対等に戦争をしているということで、中国の評価は一般に高校生の間でも高かったが、そこからの帰国者という事が幸いしたのではないかと思う。

学校の授業は英語以外余り問題がなかった。行き始めてすぐに幾何の授業で前の黒板に出て問題を解くよう当てられたが、北京三中時代にみっちりやっていたおかげで簡単に解くことができ、出だしとしては上々だった。できない生徒にしつこく厭味を言うので一部生徒から嫌われていた国語の中田先生に早速宿題を出された。万葉集の有名な額田王の歌「茜さす紫野行き標野行き……」を調べて教室で説明せよ、というのである。和歌の字数が「五、七、五、七、七」であること以外は何にも知らなかったので、口調は良いがおまじないの文句のようにさえ聞こえる歌は何度読んでみても分からずひどく困ったが、叔父さんの家に古い百科辞典があるのを思い出した。運が良かったことに私が生まれた頃に発行された百科辞典では、万葉集のこの歌自体が一項目になっていて詳細に説明されていた。「枕言葉」も知らなかったのでこの辞典の説明を役立てた。教室で説明した所、「まるで先生だね」というお褒めか皮肉かわからない評を先生からもらい、やれやれと安心した。国語で習った万葉集が面白かったのをきっかけに、礼子さんに教わった斎藤茂吉の「万葉秀歌」を読んだ。

中村の町は民謡「相馬中村石屋根ばかり、瓦（変）ないので人が好く…」にあるように、町外れでは板で葺いた屋根に石を載せた民家も当時は少なくなく、北京の古い家に較べてもこれら古い木造の家は粗末に思われた。冷害に絶えず襲われた相馬藩時代、二宮尊徳の「仕法」を採用して節約に励んだが、そのときの民家に対する規制が名残をとどめていたのである。

宇多川べりの十坪程の狭い町営住宅は新しいのが取り柄だった。暇があれば私は宇多川の堤防やつつじが美しい愛宕山を散歩した。本物の箱庭は見たことがなかったが、高みからの水田や鎮守の森の眺めは「箱庭のように」美しいと思った。早速友達になったクラスの杉橋君と愛宕山を散歩していて、粗末な身なりの老婆がうずくまっている所に行き合わせた。近くには人家もないので尋ねると、息子から家を追い出されたということだった。同情して、二人でかわるがわる負ぶって三キロ程先の警察署まで連れていったが、この老婆は愛宕山中の古い洞窟遺跡に住みついている警官も顔見知りの浮浪者一家の人だったので、余計な事をしたと迷惑がられた。

近所にレッドパージで失職した山崎さんがいた。一九五〇年頃に米ソ間の緊張が高まるにつれて占領軍の指令の下全国で約三万人の共産党員とその同調者が職場を追われたが、山崎さんもその一人だった。東北大学の電気工学科を出た後勤めていた会社で追放にあった。山崎さんは相馬でも名家に数えられる家の出でもあったので、共産党とはいえ奔放な性格で町の人気を集めていた。生計のため注文に応じてラジオを組み立てていたがそれほど忙しくはなさそうで、毎日のように長男の一夫君を抱いて我が家に遊びに来た。山崎さんの申し出に甘えて英語と数学を無料で教えてもらうことになった。一九五二年のソ連共産党第十九回党大会でのマレンコフ演説の英訳がモスクワで出版されていたが、それが英語のテキストとなった。毎日一ページを翻訳する約束である。英和辞書は山崎さんが古い岡倉中辞典を貸してくれたが、出る単語殆どすべて調べなくてはならず非常に苦痛だった。高度成長を誇る「…の生産が…%増加した」という数字の羅列された頁にあたると簡単なのでほっとした。中国語や日本語にない関係代名詞の訳し方が飲み込めなかったが、ロシア語の場合と対比して納得した。

山崎さんの数学の教え方もいささか乱暴だった。最初は岩波全書の「微分学」、全部読み終わらないうちに「積分学」を読むように勧められた。何か私の質問がきっかけで結局高木貞二の「解析概論」を読むことになった。岩波全書一冊が二百数十円で買えるのに対してこの箱入りの大判の本は九百五十円もした。買って欲しいとはとても母に言えなかったので、山崎さんに借りてせっせと写した。間もなく母の英断で買ってもらうことができたときには嬉しくて、大判の本をケースから出してはインクの匂いを楽しんだ。

山崎さんに勧められたこともあるが、学校の英語教科書は全部暗記してしまった。英語もロシア語を勉強したときのように、なるたけそれらしい発音で声を出して読むようにしたので覚えるのはそれほど難しくなかった。高校の試験問題は殆ど全部教科書から出たので、一学期赤点だった英語の評価は二学期が「三」、三学期には「五」になった。数学も少し程度の高い本を読んでいると、学校で習うことを理解するのは至って簡単だった。不注意な計算間違いを良くしたが、そんなときには「こんな易しいのはおかしくてやってられないのか」と先生に皮肉られた。

山崎さんとの交流を通じて、町の「進歩的」な人達とも知り合いになった。日中友好協会の勉強会で私は毛沢東の「延安文芸座談会における講話」を紹介した。文芸と政治の関係を説き、少なくとも文化大革命までは文学に対する政治優先の指導原理として機能したこの論文に対して、参会者から「そんなことで面白い作品ができるだろうか」という質問が出たが、私は知っている中国の作品を例に挙げて、この講話がむしろ面白い作品を生んでいると答えた。

共産党員と同調者の人達の学習会にも定期的に出席した。国鉄をパージされて失業対策事業の日雇い作業に出ている人、シベリア帰りで自動車整備をしている人、公務員などさまざまな人達が十人ほど集まった。山崎さんと、東大の天文を卒業後、戦前から活動されて一時は党県委員長も務められた本橋さんは別格で、この学習会には来られなかった。この学習会ではスターリンの「レーニン主義の諸問題」も取り上げたので、私が中国から持って帰った分厚い本も役立った。徳田球一も野坂参三も、山崎さんや学習会に出ている人達の間では大変評判が悪いので驚いた。また、ほぼ全員が過去数年の党内対立で共産党を除名された経験を持っていた。中国で共産党の指導者は崇拝されても、悪く言われるのを聞いたことがなかったのと比べて、日本の指導者が散々悪口を言われるほど一般党員と或る意味で近い距離にいるのが新鮮だった。出席者の中には「公安」につけられたという人も時々いたが、総じて他愛のない話が多い会合だったので、警官がそんなに暇だろうかと内心疑った。しかし、当時警察では「中央公論」や「世界」の定期購読者を調べていたという話があるので案外本当だったのかもしれない。

父は保健所の課長に就職した。当時は大変な医者不足だったので特別な理由もなくて月給の安い保健所に勤める医者などはめったにいない時代だった。私達と一緒に引き揚げた医者達は病院に勤めるか開業した。ブランクが長すぎるので少し勉強をしないと患者は診られないというのが父の言い分だった。叔父さんも開業するなら応援するとは言いながらも、痩せて顔色のさえない父では患者が寄りつかないだろうと保健所勤めに賛成した。当時父の給料は二万二千円程度だったが、父の本の支払いが時には一万円近くになったので、母は百円を使うにも慎重だった。同情した近所の食料品店のお上さんは、買い物の度に母にばらのキャラメルや飴などをおまけしてくれ、それが私達子供のおやつになった。高校に通い始めて間もなく私が盲腸になり十日程入院したが、もし叔父さんからの見舞金が無かったら治療費が払えないところだった。現在では当たり前の健康保険制度がまだ発足していなかったのである。そんな時長野県のある村から、村の診療所に来てほしいという依頼が父にあった。長野県では当時農民運動が盛んで、新聞赤旗によるとソ連でルイセンコなどにより提唱された栽培方法も行われていたのであるが、そのような村の一つからだった。我が家の家計を考えて私は引き受ければ良いのにと思ったが、父は小児科医なので、内科はともかく、緊急の場合には手術もしなければならないような場所には行けないと言って、わざわざ説得に来た村長の誘いを断ってしまった。

正確な時期は覚えていないが、中村に落ち着いて間もなく石川県の福島先生から思いがけなく便りが届き、父母を喜ばせた。私が幼稚園に通った撫順時代にお世話になった方である。ご主人を亡くして幼児を抱えながら、農家の嫁として働く一方、近所のお寺の協力を得て、村に保育所を作られた所だった。舞鶴の引き揚げ援護局に何度も問い合わせて、私達の落ち着き先を捜し当てたそうである。

昭和二十八年の夏は記録的な冷害だった。高校一年から積みたてていた貯金を使って二年の秋には修学旅行が実施されることになっていたが、私の場合は積みたてもしていなかったし、家計を考えると参加できるとはとても思えなかった。中村では家の職業が農業という生徒も少なくなかったので恐らく父兄から働きかけがあってのことと思うが、冷害が決定的になった時期に修学旅行を予定通り実施するかどうかについてホームルームで討論することとなった。同級生の多数意見は予定通りの実施だったが、私が「家で困っているときにそれで良いのか、旅行などいつでもできる」と主張すると、クラスは静かになった。学校の結論は恐らくホームルーム以前に出ていたのだと思うが、旅行は取り止めになり私は同級生に余計なことを言ったと苦情を言われた。

相馬高校の木造校舎は何十年の歳月ですっかり痛んでいて、生徒達は面白がって羽目板を剥がしてはストーブで燃やしたりしていた。三年になりたての頃だったと思うが校舎の改築が実現することになり、生徒からは纏まった額の寄付が集められることになった。「寄付」という日本語が事実上の強制徴収の意味で使われることを知らなかった私はホームルームで発言した。「寄付という言葉は、善意や自発性に基づいて集めるときに使うべきで、一人当り幾らと割り当てて取り立てるものは寄付とは言えない」。そのとき担任の先生はいなかったが、すぐに飛んできて「お前は寄付したくなければ、しなくても良い」と言った。新築の校舎には間に合わない私達学年のために学校は机と椅子を新調してくれたが、寄付をしなかった私は古い机と椅子のままだった。

二年の理科で生物を取った。小柄なために「のみさん」とあだ名がついた生物の名取先生は担任でもあったが、大変博識な先生だった。一九五三年当時は遺伝学の最先端の知識だった筈のＤＮＡやＲＮＡといった術語が講義に盛んに登場した。遺伝についてのレポートを書くことになり私は困ってしまった。私が北京から持ってきた生物の教科書には「環境から獲得した形質は遺伝し得る。遺伝子がすべての形質を決定するというのは、階級構造が先天的資質によるものとしたい反動の言説である」とあったのである。私が思い出した大意はこんな所であるが、教科書ではきっともう少しましな表現だったに違いない。当時は知られていなかったが、ソ連ではこのルイセンコ学説に異議を唱えた生物学者は全て追放されたり、投獄されたのだった。日本でも進歩的と言われる生物学者にはルイセンコ説の信奉者は少なくなく、長野県などでは一部農民の間でルイセンコ説に基づく種子処理（ヤロビザーチア）が実践されていた。メンデルの遺伝説は反動的だとする私のレポートを名取先生は直接非難せずに、将来自分で調べなさいと言っただけだったので、先生との論戦を予期していた私は拍子抜けしてしまった。ただ、「君のような考えでは大学入試は通らないよ」と言われたのは応えた。国語の漢字書き取りでも、たとえば現在の字体「学」の代わりに昔の「學」を書いて減点されたのに対して「正しい字を減点するのはおかしい」と抗議すると「授業では君の主張を認めるが入試ではだめだよ」と言われていたからである。その後中国でも「簡体字」が導入され「學」は「学」に変わった。

納得できないまま生物で受験するのは嫌だったので皆が一年で学んだ化学を自分で勉強しなくてはならないことになった。化学は実験が大切だと聞いていたことと、毛沢東の「実践論」という論文に敬意を表して化学の実験を自習することにした。陶知行（「知って行う」）という名の学者が中国共産党の影響を受けて陶行知（「行って知る」）と改名したエピソードが思い出された。相高に化学クラブがあったので入れて貰った。部長である三年生の角山さんが最初親切に指導してくれた。空気に触れてナトリウムが燃えることを見せてくれたが、自分でもやってみたくて一人でもう一度試みた。切り取ったナトリウムが大きすぎて水の上で大きな炎が立ち、爆発音とともに燃える粉末が四散して腰を抜かしそうになった。誰もいない放課後の部室で教科書や参考書に出ていてクラブでできる実験は一通りやってみたが、常識や基礎訓練が不足していたため再三怖い思いをしたので、面白いと思うより化学はむしろ嫌いになった。しかし、化学反応で起こる色や沈殿の一瞬の変化を実際体験したことは大変役に立った。

相馬弁ができなかったので「距離」はなかなか縮まらなかったが、友達も次第にできてきた。同級生の東君が宇田川の河原で十人ほどの知らない生徒に取り囲まれている所に行き合わせ、「止めろ!」と大声を出してその場から連れ出したりしたこともあって、クラスでも淋しいということはなかった。クラスは違ったが、家業を継ぐことになっている高山君の周辺には、面白い友達が集まっていた。窓から出入りするのを気にしなければ、帰りはいつでも良く、しばしば明け方まで様々な話で盛り上がった。当時ではまだ一般家庭では手の出なかったオーディオ機器やクラシックのLPレコードを高山君が持っていたこともあって私もしばしば仲間に入れてもらった。話題は音楽、文学から政治活動にまで及んだ。共産党が一時武装闘争に向かっていた頃の火炎瓶つくりの手引書も話題の一つだった。

山崎さんの所に教わりに行くのは三年の初め頃まで続いたが、プランク理論物理学教程「力学」は特に面白かった。量子力学の出発点であるプランク定数の発見者が書いたテキストは敗戦前に日本語で読めた最上のテキストだったようである。「質量が一様に分布した中空球殻の内部は無重力になる」という証明が理解できたときには感激した。物理学や数学では命題が正しいかどうかは自分で判断できるのに対して、共産党内部の論争は基準があまりにも曖昧に思えた。中国では評判が良かった指導者に対する評価が中村で低かった事も影響したかもしれないが、「あいつはトロッキストだ」と非難する人に何処がトロッキストでなぜトロッキストが悪いのか尋ねても中々納得の行く答えが貰えなかった。ソ連共産党史は読んでいたので、トロッキー本人が悪いというのはそれなりに納得していたが、人をトロッキストと分類する基準が分からなかった。客観的正否よりも人間的つながりが重要なのではないかと思うこともあって、次第に関心は社会科学から自然科学に移って行った。その頃山崎さんは才能を惜しむ人のつてで東大のある研究所に研究補助員として就職した。山崎さんはその後ある私大で工学部教授になった。私の勉強は、東大天文を出られた本橋さんが引き続いて見てくれた。本橋さんは共産党の指導者とは思えないほど物静かな人で、私に政治がらみの話しは一切せず特殊相対性理論の話を教えてくれた。その「講義」はなかなか面白かったので、その一部は私が執筆した物理学教科書の演習問題に取り入れてある。

二年の終わり頃、同級生の相模君と一緒に「数学クラブ」を高校で結成した。私の成績が劇的に上昇したという評判が影響してか、手元に残っているメモによると、二年生十九名、一年生三十八名がクラブに集まったが、その内女子が十三名もいた。元々クラブ結成を企画したときには、政治的問題もついでに勉強して高校生の社会に対する関心を高めようという気持ちがあったのだが、実際に発足した頃には私自身の社会科学に対する気持ちがすっかり冷めていた。学校から金を貰って解析概論など数学の本十冊程を買い、それを保管するクラブの書庫を共産党シンパの大工さんにつくって貰ったが、書庫の材料費は三百五十五円だった。ゼミが自主的にできるようにグループ分けをしたが、どのグループも中心になる指導者がいないためにうまく機能しなかった。同級生や下級生達はゼミでの疑問よりもむしろ学校の宿題や問題集の解き方を私の所に質問に来たので、せっかくのクラブは実質何も機能せずやがて霧消してしまった。

同学年の女子生徒に井原さんがいた。井原さんは赤ん坊の時撫順で父の患者だったが、病身の物静かな少女だった。ある日小野先生から家事手伝いに来てほしいと言われて困っているると相談に自宅まで訪ねてきた。中学教師の小野先生は共産党の同調者でもあり、私も面識があったが、個性的で生徒たちから大変人気があった。しかし奥さんが二人の子供を残して亡くなってからは生活が乱れていた。一部生徒の間では女子生徒を呼びつけては手を出すと噂されていた。多少内情を知っていたので、そんな馬鹿なことはないと思ってはいたのだが、井原さんの話を聞く内に段々腹が立ってきた。小野先生の家に一人で行くと先生は睡眠薬で自殺をし損ねたとかで寝ていた。仮病と思った私は二十歳年上の先生を詰問して痛罵した。私はひどく腹を立てて昂奮していたのだが、頭の中はすっと冷えた感じがして、冷静に相手の言い訳を論破できる自分に驚いた。

三年になって間もなく「近江絹糸争議」が起こった。「格子無き牢獄」と表現された前近代的管理に反抗して多数の未成年者を含む紡績工が起ち上がった人権争議だったので、新聞を始め世論が労働側をこぞって支援した。そんな中、新聞にも度々登場したリーダーの一人だった少女が突然自殺したことが私には大変ショックだった。「会社に抗議しての自殺」と最近読んだ簡単な記述では書かれているが、当時の私の印象では彼女は既存の価値観と目覚めた側の新しい価値観の板ばさみに苦しめられたのだった。もしも誰かが彼女に働きかけて「目覚め」させなかったら、彼女はささやかかも知れないが幸せな一生を送ったに違いない。

丁度その頃指導要領の改訂があり、女子には高校で家庭科の履修が求められることになった。地域の要望もあり昭和二十五年以来相馬高校普通科には一学年十名程度女子の入学が認められてきたが、家庭科履修を義務付けるとなると施設の制約から女子枠をなくさざるを得ないと県教育委員会では考えた。一年下の女子生徒が生徒会の男子役員を伴って家まで訪ねてきて、女子生徒達のそれまでの反対運動を詳しく説明してくれた。女子生徒達が手分けして朝日、毎日、読売や福島民報といった新聞に共学廃止反対の意見を投書したのが掲載され、NHKラジオの「私達の言葉」でも同趣旨の投書が取り上げられた。補導担当の先生や校長との話し合いは勿論、北相馬地区のPTAの予算獲得大会に出席して訴え、県への要望書に「相高女子募集停止反対」の項目を盛り込んでもらう事にも成功した。相馬高校生徒会の新聞部でもこの問題を特集記事にした。このようにできる限りの手段を講じた結果町民や生徒の関心を喚起する事はできたが、結論は変わりそうになかった。文部省の「家庭科履修が望ましい」という通達が絶対的な重みを持っているとは理解していなかった女子生徒達は、反対運動をストライキも含む運動に拡大したいと言って私の意見を聞きに来たのだった。世の中を「目覚めさす」事にすっかり懐疑的になっていた私は、男子校に女子は要らないと言って彼女を怒らせてしまった。訪ねてきた女子生徒はその後高校教師になり、博士課程を卒業した私と十年後に結婚した。

数学クラブもうまく行かず、その後しばらく私は受験勉強に専念した。とは言っても、旺文社の「豆単」では単語が覚えられないので、研究社から出ている注釈つきのダーウィンの「ビーグル号航海記」などを読んでいたので、受験参考書を勉強している同級生の情報交換にはなかなか混ざれなかった。勉強が忙しくなるにつれ、学習会への出席は次第に間遠になっていった。本橋さんの所には相変わらず時々顔を出していたが、学習会の出席が減ったことについては何も言われなかった。

病身というわけではなかったが、父は余り長生きしそうもない雰囲気だった。大学に進むことは家では暗黙の了解だったが、家計と下に三人も弟妹がいることを考えると浪人は許されず、自宅から汽車で通学できる東北大学しか選択の余地はなかった。就職しやすい工学部に行くと決めていたが、いよいよ願書を記入するときになって志望を理学部に変更した。数学か物理を勉強するつもりだったが、大学院があることも知らなかったので、大学院への進学とかの将来に対する見通しは何ももっていなかった。漠然と理学部を出れば高校の教師にはなれるのでは、と考えていた。進路の変更を母だけに相談したが「家のことなど考えずに好きなことをしなさい」と言ってくれた。

合格の電報が休日に届いたとき、父のアドバイスでクラス担任の自宅まで報告に行ったが、「君が落ちるなんて誰も思っていないよ。でもおめでとう」と至ってそっけない応対だったので、行かなければ良かったと後悔した。相馬高校での生活を今思い出してみると、少なくとも先生から見る限り可愛い気の無い生徒だったと思う。進路変更についてもクラス担任には相談しなかった。しかし今私からみると相馬高校は優れた先生がたくさんおられる良い高校だった。英語の先生は私が試験を受ける気になるまで黙って見守って下さったし、数学の先生も私の勝手で世間知らずの振る舞いを黙って見守って下さった。規則に厳しい学校だったら私は押し潰されていたに違いない。

昭和三十年四月私は東北大学理学部の一年生になった。

三　五十年

東北大学に入学した後は理学部で物理学を学んだ。実験が下手だったので大学院では素粒子理論を専攻した。理論物理学を専攻すれば就職が難しいのは現在も変わらないが、昭和三十年代は今の少子時代と異なってその気になれば高校の教師にはなれたので、思いきって自分が勉強したい分野を選ぶことにしたのである。奨学金やアルバイトの収入で家に殆ど経済的負担をかけなくてもなんとかやって行けたので、父が元気で働いている限り大学院に行っても問題がなかった。一年下の妹和子は大学院で無機化学を専攻した。二人で霊屋下の家で間借りをしたが、家主である今野さんの「じっちゃん」、「ばっちゃん」には大変可愛がってもらった。

素粒子論研究室にはこの頃中林陸夫、武田暁、佐藤岩男、板橋清巳、秋葉巴也、高橋醇、男沢淳といった先生方がスタッフとしておられた。原子核理論の宇井治生、本田毅先生にもお世話になった。一九六四年博士課程を卒業後、五年の任期で共同利用研究所である東京大学原子核研究所の助手を務め、一九六九年（昭和四四年）に東北大学教養部に助教授として戻った。東京大学で全共闘の学生と機動隊の安田講堂攻防戦があり、入学試験が行われなかった年である。任期の事も気になっていたし、何よりも紛争と縁が切れるということで喜んで東北大学に赴任したのだが、私が赴任した年から東北大学でも紛争が始まり、それは他大学よりも長くだらだらと続いた。

私が大学院を卒業して就職した年は東京オリンピック開催の年である。高度成長期に入ってようやく加速器が作られ、実験物理学としての素粒子物理学が日本でもスタートした頃で、私も理論家として多少の貢献をさせていただいた。その後素粒子物理学は目覚しい発展を遂げ、「素粒子」の概念自身にも大きな変革があったので研究者としては様々な思い出があるが、私の少年時代との関わりという主題からは外れるのでここでは触れないことにする。

一九九九年三月東北大学大学院理学研究科物理学科を定年退職した。退職する教授は理学部学生を対象に記念講演会で何か話をするのが慣例になっている。私は少年時代からの私が出会った先生達について話した。敗戦後の混乱期の話は今の若い諸君にはかなり物珍しく聞こえたようである。非常に不規則な学校生活を送ったが、節目には幸運に恵まれて良い先生に出会うことができた。「先生」と考えているのは、学校の先生ばかりではなくこれまで出会って私に刺激を与えて下さった全ての方達である。好きな事を研究して生計を立てることができたのは、これらの先生方のお蔭だと感謝している。

学生、教官として過ごした四十四年にわたる長い大学での生活で、専門の「研究」生活に少年時代の経験がそれほど反映したとは思えないが、いわゆる「雑用」では随分影響があったように思う。残念な事ではあるが、長く続いた紛争の時代や教養部改革に代表される大学改革の過程では「雑用」に殆どフルタイムで従事しなくてはならない人達を大量に生み出したが、私もその中の一人だった。それら「雑用」の中で学生との長時間にわたるいわゆる「団交」と言われる折衝や、様々なレベルの教官間の話し合いが数多く行われたが、いずれの場合も少年時代の体験は役立ったように思われる。主観的にはまじめに一生懸命様々な役回りを務めたつもりではあったが、私の発言に同僚や学生諸君からは、「まじめでない」とか「面白がっている」とか批判される事がしばしばあった。それは昂奮している自分を含めて全体を冷ややかに眺めるもう一つの目が私の中で少年時代に育っていたためではないかと思う。

様々な英雄や思想を崇拝・信奉して育った少年時代に続いた青年時代以降は或る意味では幻滅の連続であった。スターリン批判に始まって、文化大革命やその影響を大きく受けて「大学解体」を叫んだ紛争、そしてソ連の崩壊、……。物理学を勉強するようになってからは、私は自分で納得したもの以外は信用しなくなった。様々な「雑用」をこなす際も「連帯を求めて孤立を恐れず」自分の判断を拠り所にした。

大学紛争の最盛期には血気にはやった学生の行き過ぎた行動も少なくなかった。自分の少年時代を考えると、自分の行動が世の中を変えるかもしれないと錯覚している若者を厳しく追及する気にはなれなかった。はずみで後戻りができなくならないように、学生との対話には努めたつもりである。相当緊張した場面でも笑顔で臨む事に努めたし、意図的に「不謹慎」、「ふまじめ」な発言をする事ができた。

専門分野では英語しか使う事がなかったので、帰国後は中国語と全く縁のない暮らしが続いた。けれども文化大革命が収束して一九七八年日中平和友好条約が締結されると時々中国語が役立つようになった。この頃中国から派遣される留学生や代表団のメンバーは「文革」の影響で英語も日本語も話せない人が珍しくなかった。大学のかなり公式な場での「通訳」も一時務めたが、「雑用」の役職との関連で差し障りも生ずるようになり、更には大学には中国語を教える専門教官もいるので「通訳」を務める事も次第になくなった。中国からの学生や先生は近年皆英語や日本語を上手に話すようになったので通訳の必要は現在殆どなくなったようである。

一九八四年中国沈陽の大学に講義に行く機会があり、その際北京三中に立ち寄った。建て換えられてありふれたコンクリート建築になっているだろうとの予想に反して、三中の古い建物は昔のままだった。この時名刺を残しておいたのが手がかりになって、一九九四年の創立二百七十周年の記念行事に際して出版された冊子に小文を寄稿した。それをきっかけにして一九九五年には昔の友人達と再会する事ができた。友人達の多くは既に六十歳の定年を迎えていた。集まってくれた同級生達は中国のこれまでの「反右派闘争」とか「文化大革命」といった運動で互いに対立した事もあったようで、「あいつには大学時代散々批判されたんだ」などと言いながらも一緒に食卓を囲んで歓談した。昔の同級生の何人かは、私が物理の教師になったのは意外だと言った。私のことは文科系だと思っていたそうである。確かに中学生の頃は身の程もわきまえず文筆で身を立てようと空想していた時期もあった。三中の建物は北京市「区級保護文物」に指定され、正門を始め教室やかっての講堂は鮮やかな朱色に塗りなおされ、格子窓の障子紙はガラスに変わっていた。時代劇の撮影にも時折使われるとのことであった。建国五十周年を祝うための北京市大改造で校門が道路計画にかかり取り壊されるという噂を聞いたが、最近の話では幸い壊されずに済むそうである。

教育・研究や「雑用」に精を出していたある時、五十代半ばを過ぎていることにふと気づいて、昔を懐かしむ気分に襲われた。チチハルで魚釣りに行った玲子ちゃんと話が無性にしたくなった。玲子さんの住所は分かっていたので、出張ついでに佐世保まで足を伸ばしたいと葉書を出した。しかし夫君から玲子さんは死の床にあり既に意識がないとのご返事を頂いた。玲子さんも少女時代の楽しかった魚釣りなどの事を良く夫君に話していたとも書かれていた。

私にも又周りの人々にも余り時間が残されていないことを痛感して、九州での学会に出席した折に久留米で老後を過ごしておられる久保先生を一九九四年春にお訪ねし、チチハル以来五十年ぶりにお話を伺った。八十歳を越した先生は医者の仕事こそ長男の保彦君に譲っておられたが、奥様ともどもお元気だった。その奥様が「竜華会」に私達の消息を連絡して下さったお蔭で昔の仲間の消息を知る事ができた。竜華会はチチハル近辺で敗戦後の数年を過ごした日本人の親睦団体である。年に一度開催される竜華会の親睦会に私も出席して多くの旧友の消息を知った。孤児になった後、亡くなったとばかり思っていた苅野さんがお元気で親睦会に出席されていたので驚くと同時に嬉しかった。その後も多くの方からお便りを頂き、沈陽の日本人学校の同窓会名簿に妹達は勿論、実際殆ど登校しなかった私も記載されている事を知った。

無事生き残ったチチハル時代の仲間は皆精一杯頑張ってこの五十年を生きてきた。小宮君は私達が帰国した後も一人残って中国の大学を卒業し、昭和三十三年（一九五八年）の反右派闘争の頃帰国した。改めて東京外語大を卒業した小宮君はその後大手総合商社で活躍されている。薬剤師の中内さんの長女昭子さんが高砂丸で一緒だった新宅君の奥さんになっているので驚いた。新宅君は関西を基盤にした中堅貿易商社の社長さんである。まぶしかった橋本恵美さんは、中国で看護婦の資格を取得したが、日本でも改めて看護婦の免許を取って病院勤務の傍ら日中友好活動をされてきた。清末君も国鉄（ＪＲ）を退職後は郷里で日中友好のために尽されている。久保君や早川君はそれぞれ医者として活躍されている。

外園君の竜華会での提案が実ってチチハル訪問旅行が昨年（一九九九年）五月中旬に実現した。敗戦時に成年だった人達は皆七十歳を越して高齢になった事、私が竜華会を知らなかった頃既にチチハル訪問が二回企画されていた事もあって、今回の参加者十一名の主力はチチハル日本人学校の同窓七名であった。

酷暑と言えるほど暑い北京を離れてチチハルに降り立つと強い風と寒さが身にしみた。しかし紫色のライラックが花盛りで公園などは甘い芳香で一杯だった。いたる所に生えている楡の木が薄緑色の実を一杯つけていたので、私達は子供の頃楡の実を食べた事を思い出して皆で口に含んだ。ほのかに甘くはあるが、もさもさした口当たりは今となってはおいしいとは言えなかった。厳しい冬の終わりを告げる激しい蒙古風、春を告げる翁草の群落とライラック、それから湿原を埋め尽くす桜草の花、……、話題が広がる中で互いの呼称は他人行儀の「さん」からたちまち昔の「ちゃん」、「君」に戻っていった。

浜高家さんの三姉妹と日本で敗戦を迎えたお兄さんにとってチチハル行きは特別な意味があった。眼科医の父上と長男が病に倒れた場所だからである。父上は、解放軍在籍中にチチハルで亡くなった他の三十一名の日本人とともに、チチハル市の烈士記念館に革命烈士として祀られている。一昨年の大水害に対して竜華会がささやかなお見舞いをした事もあって、チチハル市では私達のために晩餐会を催してくれたが、そこで私達はびっくりすることになった。浜高家一家では父上の最後を献身的に介護してくれた看護婦さんの消息をずっと捜していたがこれまでは手掛かりがなかった。宴会を主催した副市長に烈士記念館を訪れたことに関連してその話をしたところ、副市長は「或いは母が知っているかもしれないので聞いてみよう」と言った。翌日現副市長の母上で前副市長夫人でもある徐さんが、父上を介護された当時の解放軍病院の看護婦さんや、父上の死後長女の安子さんが学んだ看護婦学校の友人十人程を引きつれて現れて、大変にぎやかで感動的な再会が実現した。徐さん本人は安子さんの看護婦学校での同級生だったのである。軍病院の主力はその後広州に移ったので、当時の人達の多くは広州に住んでいるという事だった。外科の溝手先生の下で看護婦をした人が私の父のことも覚えていた。

敗戦の頃チチハルの人口は二十万程度だったそうだが、現在は市部だけで人口百三十万を数える。行政区画としてのチチハル市は人口五百六十万で、かって私達が釣りに行った昂昂渓も、三日掛りで馬車の旅をしてたどり着いた訥河も現在ではチチハル市に含まれている。外国人には開放されていないという訥河までは汽車で三時間程で行けるそうである。釣りに行った思い出の二家屯を是非訪ねてみたかったが、現在その地名は残っていなかった。あれほど大きな沼が消えるはずもないと思ったが、地図の範囲にはそれらしい沼は見当たらなかった。現地ガイドの李さんはきっと埋め立てられて汚いビルが建っているよと素っ気無かった。急増する人口に対応する為に、郊外に広がる沼沢が埋め立てられ高層住宅が立ち並んでいたが、住み方の問題か、石炭暖房のせいか、或いは建築の質の問題か、築後十五年程でどの建物もひどく傷んでいた。かって私達が通学した信永小学校は中学校として現在も昔の姿を残していたが、隣接していた満鉄の社宅群は取り壊され、その後に建てられた高層住宅群は早くも建て替えが必要なくらいに傷んでいた。八路軍と国民党軍が撃ち合いをした小学校前の公園はそのまま残っていて、植えてあった樹木は皆見上げるほどの大木になり年月の経過を感じさせられた。

チチハル市は新中国の重工業都市として発展してきたのだが、市場経済の今日は試練に曝されていた。中国では名の通っていた旋盤製造工場だったという国営企業の大きな工場が無残な荒れ果てた姿をさらしていた。その他の幾つかの工場も似たような状況だそうで、町中が失業者で溢れているという印象を受けた。その失業者達は皆露店を出すので、町中露店だらけというわけである。しかしその分毎日開かれる朝市と夕市は規模が大きく人出も多く迫力があった。市場は毎日掃除されるのだが、地面一面に瓜子児《グワーズル》（向日葵の種子など）の殻が散乱しているのも懐かしかった。緯度が高いので五月は早朝四時前には夜が明け、九時頃までは明るいのでこうした市を開く時間はたっぷりとれるのである。一昨年の大水害による家屋や家具什器の損害にもかかわらず消費は伸び悩んでいるそうで、買い手がいないためこの一年物価はかなり下がったという話だった。潰れかけた国営企業の従業員は名目的には職があっても賃金が貰えず、そこを退職した老人達は年金の支給が遅れているので、若干の手当てを貰える失業者より惨めだという話も聞いた。

早朝地平線を真っ赤に染めて昇る太陽に促されて私達は思い思いに五時頃から朝市の見

物に出かけた。北京ではもう見られなくなったオート三輪がここでは主役で、昭和三十年代の日本のようだと誰かが言った。服装から地元ではないと分かるらしく、どこから来たかと人懐こい市場の人によく尋ねられた。外国人は珍しい事もあって、日本人だと言っても中々信じて貰えなかった。日本人がそんなに上手に中国語を話せるはずがないと言われて大いに気を良くした。

朝市にマンゴー、パイナップル、レイシといった南国産の果物が豊富に並んでいたし、やはり南方から運ばれて来た西瓜が山積みされていた。地物の西瓜は七月末にならないと熟さないのである。「日本」を売り物にした高級背広の「富田洋服店」も私達の滞在した民航ホテル前に支店を出していた。流通が盛んになり、新興の私営企業が台頭して経済の新しい流れが次第にできている事が見て取れた。日本資本と合弁の高級エステティックサロンまで店を出していたが、そこで働いている若い女性の一人と話してみると、ロシア語を大学で専攻して三年モスクワに留学した経歴の持ち主だった。

今回の旅行で私と同室の金山さんは七十三歳だった。敗戦の時二十歳である。茨城県の内原で訓練を受けて満蒙開拓青少年義勇軍の一員として訥河に入植した。戦争末期召集されたが、敗戦に伴い退却中の部隊は訥河近くで解散した。軍用物資を持って日本人のいなくなった入植地に舞戻った金山さんは、翌年中国人と一緒に大豆などを栽培して大もうけをした。難民の溢れるチチハルまで出てきて日本人会にかなりの寄付をして感謝されたそうである。土地改革が始まり、日本人には土地を配分できないと言われたので、その後はチチハルに出て帰国まで中国人と一緒に鉄工場のようなものを経営した。引き揚げ後の奮闘も成果が伴ったので現在は気楽な毎日を過ごされているとのことである。竜華会の集まりには殆ど皆勤で、チチハル近辺には今度で戦後三度目とのことであった。日本語丸出しの発音で、その昔も十分話せたとはとても思えない中国語で中国人の間を一人で良く生き抜けたものだと感心したが、金山さんには身振り手振りも交えて周りに溶け込む独特の才能があった。戦後の混乱期にも通じかねない混沌とした雰囲気を持った今のチチハルに、もし若い金山さんが現れたら恐らくたちまち頭角を現すのではないかと私は思った。

上空から見て気づいたが、チチハル周辺のかっての荒野は一部の湿地を残して殆ど農地になっていた。自動車を走らせても、地平線まで広がる畑でジャガイモなどが植えられていたり、たくさんの牛が放牧されたりしていた。私達が五十年前体験した、荒涼として人気の無い荒野の馬車での旅を想像するのはもはや難しかった。農業が進み所得水準が上がったお蔭で、トウモロコシや高粱を主食とする人はこのあたりでもいなくなったそうである。お粥にする為の粟やトウモロコシの上質な粉は米よりずっと高価である。前副市長が孫に毎日トウモロコシを食べたんだと昔の苦しさを話したところ、「毎日美味しいご馳走を食べられてよかったね」と言われたと苦笑していた。

チチハルのホテルや食堂で供された食事の豊富で美味しいのに私達は驚いた。材料には布状の豆腐である乾豆腐《ガンドウフ》やジャガイモ、緑豆の澱粉から作る春雨を薄板状に加工した粉皮《フェンピー》、それから湯葉など昔食べて懐かしいこの地方独特の食材がふんだんに使われていたが、味付けは中々洗練されていて毎回の食事を皆楽しみにした。このように美味しい食事がチチハルにもあるということは解放軍兵士の食事である「大鍋飯」を食べた少年時代には想像もできなかった。ホテルの朝食はバイキング方式で、おかずの種類が二十位はあり、八種類のお粥用に用意された様々な漬物、鹹菜《シエンツァイ》も二十種位はあった。様々な少数民族に配慮しているためもあろうが、沿海地方や北京とは異なり外国の観光客は少ないのだから、これだけの贅沢ができる中国人の数が増えているということなのだろう。

私達はその昔竜沙公園が嫩江のすぐ傍だったのを覚えていたが、竜沙公園を訪ねた際には有名な望江楼に登っても小さな労働湖が見えるだけで嫩江を見ることができなかった。ガイドに頼んで改めて嫩江を見に出かけたが、その変わりように驚いた。灌漑に使われる為か渇水期の嫩江の水量は驚くほど少なく、川幅も流れてきた土砂で埋まってひどく狭められていた。竜沙公園脇で私が流氷を眺め、死んだ魚をすくった嫩江の分流は流れが途切れて現在は可愛らしい労働湖に変わっていたのである。鉄道や自動車に取って代わられたため帆船や汽船はもう見られないということではあったが、今のこの河には船を浮かべる水量がなかった。豊水期には広い川幅一杯を溢れるように流れる嫩江が見られるとのことではあったが、私は情けない嫩江に失望した。後で訪れたハルピンの松花江も同様な事が言えた。ハルピンに長く住んだ人達のイメージとは随分違ってしまっていて、堆積した大量の土砂を浚渫船が懸命に浚っていた。一昨年の大洪水が開発に伴う人災的要因にもよっているという報道が納得できる風景だった。

帰国した残留孤児や中国からの「研修生」など日本語が分からない中国関係者の相談役を茨城県で勤めている前田（旧姓早川）純子さんがガイドの劉さんに文句をしきりに言っていた。「中国の発行する戸籍証明が当てにならない。国で発行した公文書が当てにならないという事は、国家が信用されないという事よ。それでいいの？」劉さんはそれには直接答えず、「中国は現在すべて金次第で、戸籍だろうが規則だろうが、金さえあればどうにでもなる」と言った。「中国は現在戦国時代で、才能と機転次第で大きな成功が可能な国なのです」とも付け加えた。結婚、進学などのために「年齢」等戸籍に記載される事項を変更する事は珍しいことではなさそうだった。

昔、皆が愛読したオストロフスキーの「鋼鉄はいかに鍛えられたか」が私達の話題になった。若い劉さんももちろん読んでいたが、共産党員でもある彼の感想を聞くと、「父母世代の愛読書として本棚に並べる本です」とはぐらかされた。出版されたばかりの「鋼鉄は…」が売られているのを大連で見付けて純子さんは喜んで買い求めた。ソ連崩壊後のロシアや中国の現実と共産主義社会建設に一身を捧げたパーベル・コルチャーギンの生涯を肯定的に重ね合わせるのは私にはひどく難しく思えるのだが、中国の若者はこの本をどのように読むのであろうか。「建前」の国だから思想上の「理想」と現実を切り離す事が可能なのかもしれないとも思ったが釈然としなかった。律義で昔気質の教師にはきっと住みにくい時代に違いない。宗教の信者は少なくないようであるが、儒教同様宗教は十三億の民衆を律する規範にはなり得ず、昔ながらの無私の共産党員の姿を理想として持ってくるしかないのだとすると、その説得力は強くはなさそうである。市場経済導入が成功したことで貧富の格差が著しい現状を肯定する事と、コルチャーギンの人生を称える事の間には大きなギャップがどうしても感じられる。北京の三星級のホテルに若い売春婦が半ば公然と出入りしているのをたまたま目撃する機会があったが、この巨大な国は近い将来新しい道徳のより所を求めて苦労するに違いない。北京で話した昔の同級生達は中南海を包囲して座り込んだ法輪功を話題にしたが、最近の法輪功を始めとする新興宗教の台頭は或いは現在の中国でのある種の「真空」と関係があるかもしれないと思った。

「建前」からの規範よりも巨大な社会を円滑に動かす為の実際的規範が先にできあがるのかもしれない。警笛を鳴らし通しで自動車が人ごみを蹴散らして走るという印象さえ残るチチハルに較べて、大連の街の静かさは特筆に価する。警笛を鳴らせば罰金を取られるそうで、交通信号が機能している大連では車が整然と走っていた。清掃の行き届いた街角に見られる露店はこぎれいで数も少なかったし、行き交う人々の表情も穏やかに感じられた。旧大和ホテルや銀行、警察署といった敗戦前に日本人が建てた建物が中山広場を取り囲んで建っているが、いずれも整備され夜にはライトアップされていた。中山広場では早朝出勤前と夜は夕方から十一時近くまで多くの人々が音楽に合わせてダンスに興じていた。

同時に存在するチチハルと大連あるいは北京を並べて比較すると、中国では二十年か三十年の時間の広がりが空間的広がりに置きかえられているように思われた。

ロシア革命に始まった二十世紀は、社会主義国家の崩壊と世界規模の単一市場経済の形成で終わりを告げようとしている。その中で無数の人達が理想実現のために、或いは、単なる不運のために命を失った。何千万、何億もの人達は自分ではどうする事もできない歴史の流れに翻弄されて一生を過ごした。鴨長明の方丈記ではないが、私達一人一人が精一杯生きる人生は、時間という川の流れに現れては消えて行く泡のようなものなのかもしれない。

第四章　——新しい船出

中華料理店「長城」の劉、楊夫妻

残留孤児を励ます会「前列中央千葉省三氏、その後ろに角張紘氏、左端前列筆者、その後ろ楊尊東氏、並んで本郷裕子氏」

残留孤児納骨堂

扶余（松原）の記念碑前で「筆者の右隣は妻富士子」

洮南植林風景

洮南植林風景

洮南植林風景

双遼記念碑の前で「筆者左隣は 90 歳の元県会議員猪俣春雄氏」

農安で林場職員も一緒に

九台の記念碑前で

白城の老人ホームで「入居者と一緒に踊る」

市場風景「魚屋」

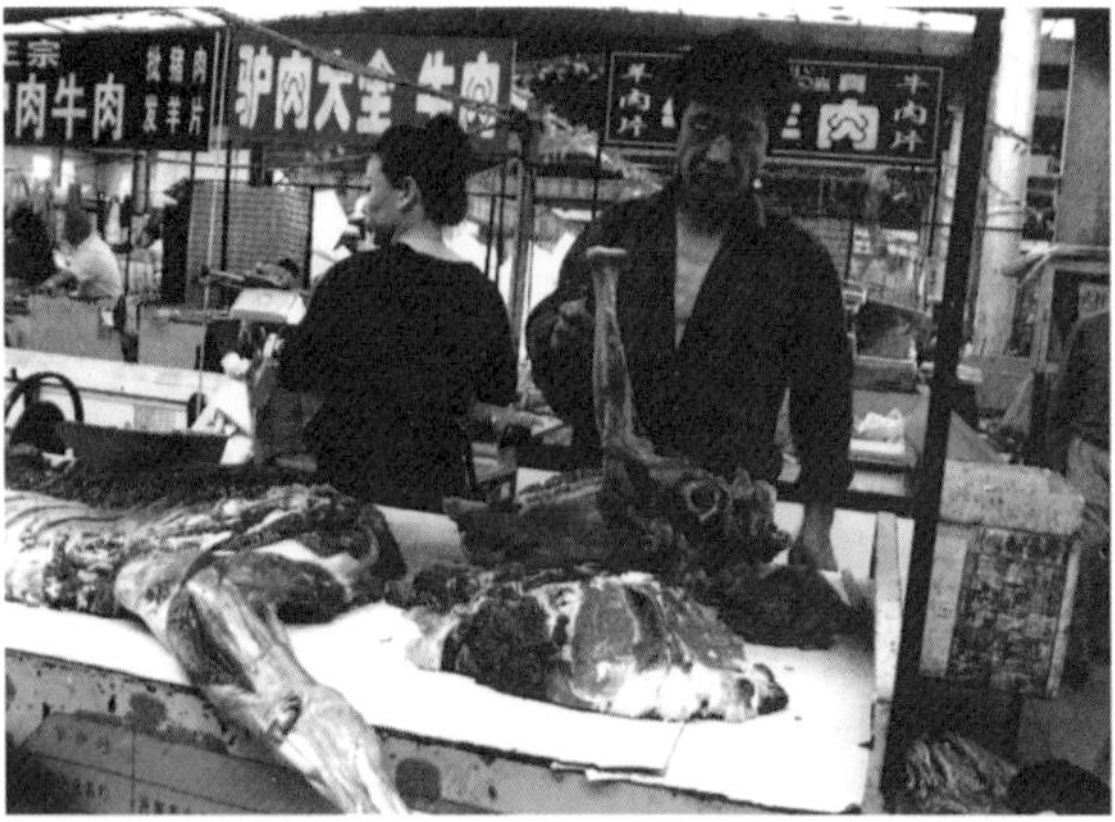

市場風景「驢馬肉売り場」

山繭の蛹

食用ほおずき

農安植林現場で隋希英、筆者と金雁峰

隋希英、本郷夫妻、右端は渡辺紘一氏

太原での日中植林会議

岡千仞の日記、王勤謨氏の著書と寧波発行の雑誌

黄山村の小学校前で「筆者左隣王勤謨夫妻、その隣王勉善氏、
右隣王義遵氏．右端金世竜氏、その左隣薭武多四郎氏」

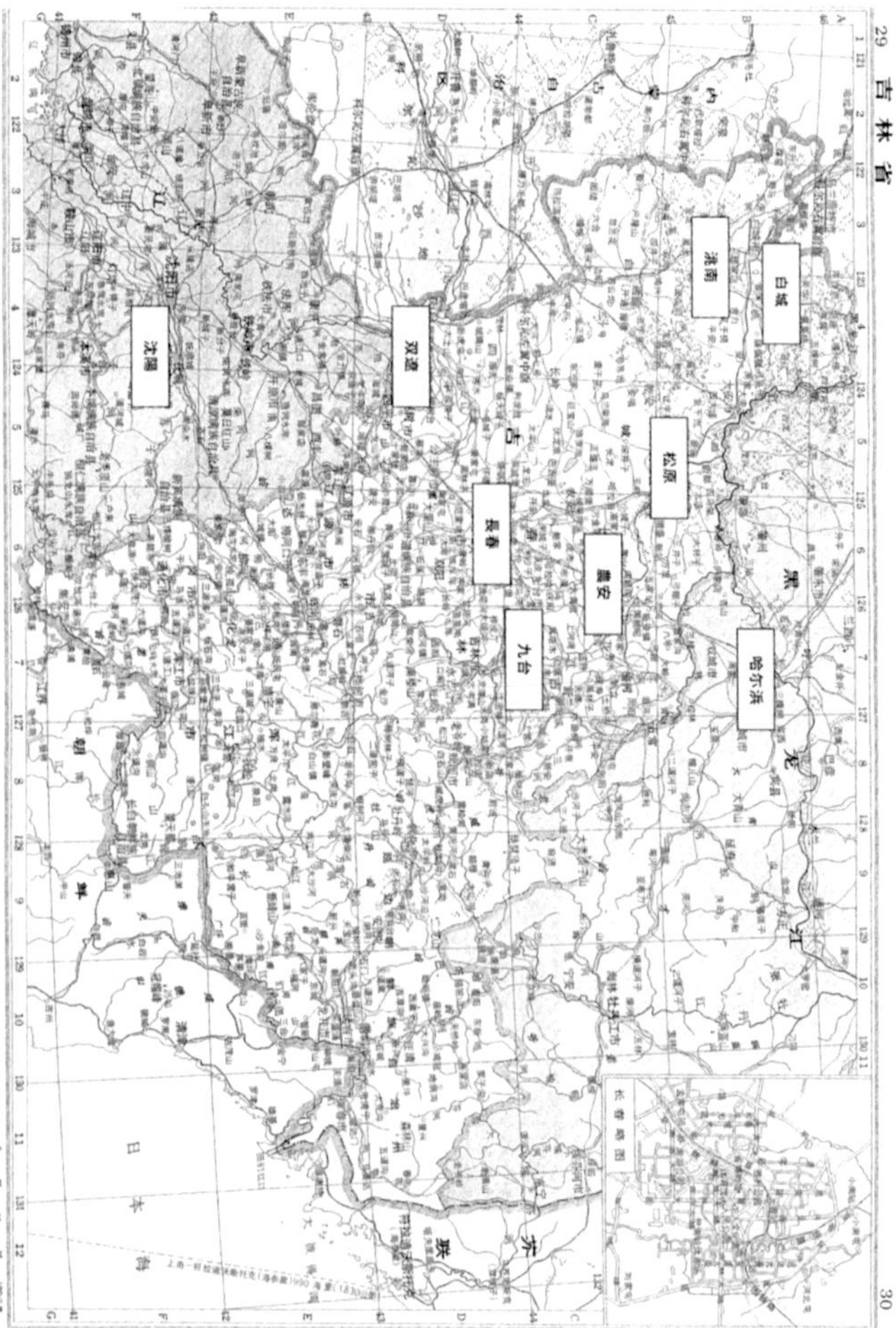
吉林省
白城
洮南
松原
双遼
長春
農安
九台
哈尔浜
沈陽
29
30

一　中国語が戻ってきた

定年の一九九九年当時は語彙から考えると英語の方が中国語より達者だった。東大原子核研究所に籍を置いたまま三年間アメリカの大学で研究員として働いたこと、英語で論文を書いたり、また読んだりしていたことが理由である。研究室では外国人の研究者もいたので、セミナー等は英語が多く使われた。ただ話す機会が少ない中国語の発音は少年時代のままで、日本人特有の癖がなかったので、中国からの留学生には中国語が達者だと言われていた。

定年の秋に、東北大学で学位をとった顔見知りの候殿昌さんから通訳を依頼された。候さんは水墨画、篆刻等に優れた多才な漢方医で、卒業後は様々な文化活動を通じて仙台では広く知られていた。仙台文学館で中国でもよく知られた学者が「三国志夜話」の講演をするという。とても無理だと断ったのだが、どうしてもということで、講演原稿を用意してくれる条件で引き受けることになった。敗戦時マーケットの貸本屋で吉川英治の三国志を読んで以来、平凡社版の三国志も何度か読んでいて、好きだったことも理由である。留学生には出てくる沢山の人名を日本語読みにするのは難しいとも考えた。講演会は盛況で、いくつかの質問も無難に通訳できてほっとした。

それからまもなくして、宮城県日中友好協会の事務局長高橋節夫さんから電話をいただいた。高橋さんとは、留学生を介して面識があり、撫順戦犯収容所を経て、私より数年後に帰られた人だということは知っていた。高橋さんから、宮城県日中友好協会(以後県日中)の副会長に予定しているので、入会してほしいという依頼であった。

大学在職中、日中友好協会宮城県連と関係の深い中国語担当の阿部兼哉氏には色々お世話になった。八四年中国の大学に講義に行く前には、簡体字になれるため雑誌をお借りし、その際簡体字の字典をいただいた。一方、私財をはたいて留学生のための思源寮を建てた菅野俊作氏とも色々交流があった。お二人とも東北大学教養部の同僚である。そしてこのお二人はそれぞれ並立する二つの日中友好協会の有力メンバーでもあった。菅野先生は、九八年仙台を江沢民主席が訪問した際、歓迎会出席の後急死された。大学入学以来共産党関係の方たちとは距離を置いてきたが、それに対抗する人たちとも深く付き合いをすることもなかった。その一方である宮城県日中友好協会からのお誘いには大分迷ったが、高橋事務局長に話を聞いた後お受けすることとした。

帰国が始まった昭和終わり頃は県日中も熱心に残留孤児支援を行ったが、私が入会した当時は、言葉や習慣の違いで行き違いが色々生じたことから孤児たちとの交流はほとんどなくなっていた。そんなとき市西部の公営住宅に住む老人から依頼の電話が協会にかかってきた。近くに住む残留孤児の一家と話をしたいので、通訳をお願いしたいというのである。適任者がいないと高橋さんは断りかけたが、その場にいた私が引き受けることとした。

残留孤児亀井さん一家と知り合いになって、私は孤児たちへの認識が一変した。亀井さんはご主人の劉さんと帰国ののち、沢山の子供たちを呼び寄せていた。中国黒竜江省の農村で暮らし、とても貧しかった劉さんの話す農村の言葉は聞き取りにくかった。予期していた不平不満ではなく、現在の生活に満足している話を聞かされてすっかり驚いた。雨漏りのしない暖かい家に住めて、立派なベッドに寝ることができる。入院した際は無料で、看護婦さんが怒鳴らず優しく体や足を洗ってくれた、などなど・・・。この一家は私が想像できる少年時代の暮らしより遥かに苦しい暮らしをしてきたのだった。度々お邪魔して、餃子も何度かご馳走になった。元気なうち劉さんは一生日本で暮らしたいといっていたが、癌を患い、歩行もできなくなってからは中国に戻りたがった。亡くなった知らせを受けて火葬場に行ったが、集まった子供たちから、そこにいる若い女性のお腹に一族九九人目の子供が入っていると聞かされ、改めて驚いた。日本の親せきはあってもくれないとこぼしていた亀井さんだが、一度に数十人の親せきが現れては日本の親戚も恐らく途方に暮れたであろう。その後一族は関東方面に引っ越していった。

私の住んでいる近所で不味いと悪評がたって潰れてしまった小さなラーメン屋があった。その後に、ある日新しい中華料理の店が開店していた。残留孤児の子供劉暁林と奥さん楊宵霞が開いた店で、開店早々お客が無くて困っていた。二人それぞれ一日二か所掛け持ちで働いて貯めたなけなしのお金で開いた店で、当初はつぶれた店のどんぶりを使っていた。供する料理は、中国田舎の味付けで、日本人には塩分が多すぎた。二人で、来ないお客を待って、戸口をにらんでいるので、それではお客が怖がって帰ってしまうよ、と言ってお客が来るまでおしゃべりをした。長時間よもやま話をしているうちにスムースに話せるようになり、語彙も増えてきた。その分中国東北の方言、訛りも吸収した。

食べ残すお客、文句を言うお客も少なくなかったが、一方応援も多かった。料金を取らずに、店を掃除してくれた掃除業のおじさん、使わなくなった什器を持ってきてくれた人、味付けをアドバイスする人、自宅に呼んでご馳走をしてくれた人、知人に宣伝してくれる人、多くの人が応援した。宵霞がテレビのローカル番組においしい店と匿名で推薦して、本当に取材が来たときは、他のお客がいなく、仕方がないので居合わせた私が応対した。

宵霞は来たお客の話題、特徴を小さなメモに書いて、かげに貼っておき、次の接客に活用したので、固定客も次第に増えていった。

二　残留孤児との付き合い

仙台の北に泉ヶ岳をバックに大きな、一度は日本一にもなった観音像が聳えている。バブルがはじけた後は、参拝客も減ってしまい、付属の催事用の建物は大きな面積を持て余していた。そこの空いた地下ホールに残留孤児の子供と結婚した楊尊東さんが中国雑貨や貴石更には木像など様々な中国雑貨を扱う物産店を開いていた。来日当初はラーメン屋で皿洗いもしたそうであるが、上海育ちの商才とまじめな人柄で、数年でかなりの店にしてしまった。気仙沼本吉の峰仙寺住職で顔の広い千葉省三氏は永く楊さんを支援してきた。千葉さんは中国の吉林で生まれ、その縁で吉林市郊外の満州族部落に希望小学校を寄付したり、中国をたびたび訪れたり、中国や残留孤児の問題に深い関心を持っていた。苦しい残留孤児たちを応援しようと、楊さん、千葉さんの周辺の皆さんが春節の時期に大観音ホールで「励ます会」を企画した。県日中は会としては私が加入したころ残留孤児とのまとまった付き合いがなかった。第一回の会に私は知人に誘われて一参加者として参加したのだが、その後すぐに県日中は主力として参加するようになった。楊さんのところでは人手がなく事務処理が大変だったのである。楊さんから県日中で主催してほしいと依頼されたが、会長に就任したばかりの私は赤字に苦しんでいる県日中に財政的リスクを負わせることはとてもできなかった。参加者数をきちんと予め把握することは難しく、予測を誤り赤字が出る心配があったのである。しかし、楊さんが太っ腹にも赤字が出たら補填すると約束してくれたので、県日中で引き受けることにした。しかし実際には予想より多くの支持者が参加して赤字になることはなかった。事務局長の本郷女史が周到に切り盛りしてくれた。

二〇〇〇年から毎年計十回春節前後に励ます会が開かれた。大観音からそれほど遠くない地区に住む残留孤児三十名程とその家族、県日中その他日本人の支援者を入れると一四〇名程の集まりになった。あちこちから古着や日用品も集められた。遠い本吉町日中（現在は気仙沼国際交流協会に吸収）からはマイクロバスで婦人会員が参加して、踊りを披露したことも度々だった。本吉日中の会長でもある千葉省三さんは孤児全員にお年玉を渡すので、孤児たちにはとても喜ばれた。二〇〇七年に改正中国残留邦人支援法が成立し、残留孤児たちの境遇は目に見えて改善したこと、国の支援センターが仙台に開設されたことを踏まえ、励ます会は終わりになった。

残留孤児たちと支援者の交流の中、孤児たちの遺骨を納めるところがなく、大変不安だということが話題になった。孤児たちは生活が苦しく、自力でお墓を建てるのは論外で、既に高齢化した孤児たちにとっては切実な問題だった。市心にある定禅寺という尼寺で、行き場のない孤児のいくつかの遺骨を無償で預かってくれていたが、道路計画の関係で、間もなく立ち退きとなり、そこに預けられている数体の遺骨も市内に行き場がないということだった。「励ます会」の最初からのメンバー氏家美智子さんはこのことにとても心を傷めていた。氏家さんは帰国した残留孤児の日本語教師をされていたが、何人かの孤児の帰国までの体験を聞き書きにして本にまとめられていた。氏家さんが中心になって、残留孤児の納骨堂を作ろうという話が次第に具体化していった。敗戦直後死体が放置されている光景に慣れっこになっていた私は遺骨問題に対してあまり関心を持てなかった。父方の祖父母、叔父、叔母、夭折した弟等々の遺骨はすべて朝鮮、満州に置き去りになっていることも関係しているかもしれない。しかし、氏家さんに誘われて否応なしに、運動に加わることになった。

この話が具体化するしばらく前、残留孤児の集団訴訟を仙台でも起こすことについて、残留孤児たちのまとめ役角張紘さんが、県日中にも支援してほしいと訪ねてきた。相談した弁護士の応対がひどいことや、訴訟費用が見通せないことを長時間訴えられた。私としては、財政に余裕がないことや植林で県や緑化交流基金から支援を受けていることを考えて訴訟を全面的に応援することには躊躇があった。訴訟は東京に任せて様子を見たらどうかという言い方は角張さんをおそらく大変怒らせてしまった。というわけで、氏家さんの人望がなければ、残留孤児たちの有力者を納骨堂設立準備会に入ってもらうことは難しかったに違いない。

署名や募金活動を経て、公明党の県議、市議の強力な推進のおかげで、県、市から助成金が下りて納骨堂は仙台市泉霊園に建立できることとなった。納骨堂の銘文を作成するとき、私の感覚からすると、意外な注文があった。「ソ連軍の侵攻により・・・」とした原案に対して残留孤児の庄司さんは、ソ連兵など見たこともないというのである。実際開拓団員たちは避難に際して現地の住民に襲われたことのほうがはるかに多いことは私も知っているし、氏家さんがまとめた庄司さんの手記にもそのことが書かれている。が、「暴民に襲われて」とは書きたくなかった。また中国語訳に「偽満州国」と「偽」をつけることにも異論が孤児側からあったが、これも当時の島問題で激化する中国の反日運動を考慮してつけることを了承してもらった。中国のインターネット等でたたかれる危険は皆無ではなかった。

二〇一一年一二月四日に納骨堂の完成式が行われた。題字は千葉省三さんにお願いした。式には多くの参列者が集まった。しかし裏では私としては少々困る事態が起こっていた。「残留孤児支援法」のおかげで、残留孤児たちにはこれまで苦労して積み立ててきた年金が返還されたのである。庄司さんも含めて多くの残留孤児はそのお金を使って墓地を購入していたので、納骨堂に入れる遺骨がにわかになくなってしまった。更に市の道路計画が変更になり、定禅寺移転と遺骨の移動は必要がなくなり、定禅寺では新しく納骨堂を新設するので、むしろ残してほしいということになった。式典で納骨する遺骨がないかもしれないというピンチは、氏家さんの親しい孤児が定禅寺から遺骨を移してくれたので、何とか無事に済んだ。

納骨堂の管理は現在残留孤児たちに任されているが、その後どう使われているか気になっていた。今年（二〇二〇年）清明節の後に訪れてみると、花が飾られ、線香が焚かれていた。

三　植林事業を始める

県日中の事務所に時々顔を出していた二〇〇一年春、駐日大使館に吉林省から出向していた修立征氏経由で、事務所に吉林省で植林事業をしてほしいという依頼のファックスが佐々木信男会長あてに届いた。居合わせた佐々木会長も高橋事務局長と同じく、あまりにも我々とかけ離れた植林について、全く予備知識がなく、依頼してきた修さんも具体的な内容はわかっていないようで、話はそのまま放置された。しかし一二月の末に吉林省林業庁から、日中緑化交流基金に提携団体として助成金を申請してほしいという要請が届いた。当時の阿部事務局長が緑化基金に問い合わせたところ、素人には難しい、自分たちが植林をするという自覚と主体性を持てなければ、資金が往々にして流用され、とんでもないことになりかねないという話で、私としてはあまり乗り気にはなれなかった。

東京の日中友好協会本部に相談したところ、すでに取り組んでいた三重県日中友好協会から資料等を頂戴できて、ようやく少しイメージすることができた。海拉尔で昔のハイラル在満国民小学校同窓会として既に植林を始めていた知人の竹内義信さんにはいろいろ教えていただき、仙台市民会館で講演までしていただだいた。二〇〇二年五月、県日中が主催した「県民の翼」で長春を訪れた際に初めて中国側吉林省のメンバーと会合を持った。県日中からは佐々木会長をはじめ七名、中国側は林業庁、対外友好協会それと洮南《トウナン》林業局関係の六名が出席した。中国側で我々の相手をその後永く担当した林業庁の隋希英さんは、最初から目立っていた。植林事業で中国側との交渉役になることが想定されていた私は、基金から聞いた話をもとに、会計処理をきちんとして、間違っても「木を食べないでほしい」とかなり失礼なことを言った。

主体性にこだわった私たちに対して、この協力事業をなんとかスタートさせたい林業庁の隋さんは交換する協定書原案作成を日本側に任せてくれた。長野県日中の好意で日本語のひな型はすぐにできたが、それを中国語に直すのには困ってしまった。中国の中学を出ただけの私は公文書など作ったことがなかった。県日中では新参者なので、ざっくばらんに相談する人が周りにいなかった。通訳を務める旅行会社の中国人スタッフともまだそれほど親しくなく、弱みは見せたくなかった。すっかり仲良くなっていた中華料理店「長城」の宵霞さんは中国のハルピンで公務員をしていたというので、彼女の助けを借りて何とか中国語に直すことができた。

協定書の署名人も問題だった。隋さんは協定書の署名人は実際担当する副庁長にしたいと言ってきたが、それならこちらも副会長にすると粘って、庁長劉延春と佐々木会長が署名人となった。私は面積、人口とも、規模では一つの国に相当する吉林省での林業庁の大きさを実感していなかった。

洮南で植林することになったことを聞いた竜華会（敗戦後チチハルに残った人たちの団体）の船木さんは昔近くの製紙工場にいたことがあると教えてくれた。湿地帯に生える豊富な蘆を原料にしたそうである。また洮南には蚊流河という川が流れていたともいう。

二〇〇三年九月末協会員五名で植林地の調査に出かけた。実際行ってみるとほこりっぽい薄汚い街であった。川らしい川が見当たらないので尋ねると、汚水がちょろちょろ流れている堀がそれだという。橋が不釣り合いに立派なのは、その昔立派な川だった名残なのだろう。洮南は清代から、蒙古族を治める行政の中心で、満州国時代には開拓団も入っていて、稲作も試みられていた。春先の砂塵を巻き上げる季節風は有名で、「洮南府に行ったなら毎日二斤の砂を食べる」という諺があるくらいである。

最初の植林地四海林場は洮南市街から一五キロほど離れた四海泡のほとりにある。「泡」というのは、ツンドラの地下氷が溶けてできた、大小さまざまな水たまりのことである。このあたりはアルカリ性が強く、干上がった後にも草の生えないところもある。地下水もアルカリ性が強く、ご馳走になったお茶は、しょっぱい奇妙なあじがした。

四海泡はかなり大きく、最初に訪れたときには、山東省から出稼ぎに来たという漁民一家が、ほとりに住み付いて漁をしていた。将来近所のダムから水をひいて、泡の水量を安定させて、別荘付きの森林公園にしたいということだった。長春から舗装の傷んだ悪路を、四時間以上かけてようやくたどり着ける辺鄙な場所では難しかろうと思ったが、サンドスキーのための砂山が既に作られていて、次の年にはサンプルの別荘も四、五軒建てられた。しかし水資源が極端に厳しい状況で、水の導入は実現できず、時には泡の水がほとんど涸れてしまった。二〇一八年に訪れた際には、砂山も消えていた。

二〇〇四年春の最初の植林には私は都合で参加できなかったが、サーズの流行で大変だった。協力事業開始の式典は次の年春に我々が植林に訪れた際に行われた。宮城県と吉林省が友好県省の関係にあるので、秋の調査には宮城県の林業専門家が二名同行してくれることになった。無差別に選んだ三区画で植えたポプラの樹高、根元の樹経、樹勢を私たちや林場スタッフが手伝って調べた。根本の径を測るのは日陰のないカンカン照りの中で腰をかがめなくてはならず相当の重労働だった。林場のスタッフが測るときは、中国語で読み取る数字を一緒に歩いて日本語に直した。植林地は乾いた緩やかな丘陵に広がっている。所々にひねこびた楡が生えていて、干上がる寸前の小さな泡もいくつかある。このあたりは年間降雨量が二〇〇〜三〇〇ミリ程度ということで、現地林業局の幹部は、春先のここ数年の降雨量をソラでいえた。一〇〇ヘクタールの植林面積の確認は、局長と私が同乗したGPSを積んだランドクルーザーで植林地のヘリを一周して測った。結果は一〇二ヘクタールと出たが、トラクターで地ならしをする際、ターンが大きく回りすぎたせいとのことで、たいして気にしないその大まかさには驚いた。

この植林地には中日友好林の立派な記念碑が建てられ、その周りには大きな松や公園らしいハマナス、ライラックといった花木も沢山植えられたが、数年後には花木は姿をけしてしまった。

秋の調査に際しては、事務局長だった本郷祐子女史と私は隋さんと林業局スタッフに案内されて、次年二〇〇五年度の植林地を調べに行った。内蒙古に接しているなだらかな丘陵地だ。短い草がまばらに生えていて、丘の下を昔は流れていただろう川床に沿って、ヒョロヒョロのポプラが所々に一〇本ほどまばらに生えているだけだった。降雨量は二〇〇ミリだそうで、春林業局で植えたという小さな一二三苹果（リンゴ）と呼ばれる乾燥に強いはずの果樹の苗は気息奄々というありさまだった。ここでの植林は現地の農民が強く望んでいるという。帰国して、交流基金に相談すると、あまり見込みのないところはやめてほしいという。隋さんにその旨伝えて次年度の植林地一〇〇ヘクタールを林場内に選んでもらった。

基金から植樹した樹の発育状況の写真が欲しいという連絡が入ると、現地にカメラがないそうで長春の林業庁から職員が片道四時間以上かけてわざわざ出かけて写真を撮った。フィルムの時代である。あまりにも効率が悪いので、安いカメラとフィルムを本郷さんが林場に寄付した。二〇〇五年春我々が植林訪中の準備にはいったころ、隋さんから緊急の連絡が入った。五〇ヘクタールが使えなくなったというのである。農地に関心を失っていた農民が、近年手厚い補助金が支給されるようになり、にわかにこの土地は自分たちのものだと主張し始めた。裁判になったが林場側が負けてしまったそうだ。調査に九月訪れた際、林場の職員にカメラが役立ったか聞いたのだが、返事があいまいだった。人気のないところで、改めて尋ねたところ、この紛争で農民たちと林場労働者との間で乱闘騒ぎ（中国では「械闘」という）となり、相手側に分捕られたということであった。

激動の中国では、土地の所有関係は度々激変した。このような紛争がどう解決されるか興味があったが、たまたま話す機会が生じた現地の退職したばかりの役人に聞くことができた。蒙古族の老人、といっても六一才、はこの紛争を裁いたそうである。彼の話によると人民中国になってからの一番新しい証文が有効なのである。農民たちは勝利したものの、この土地は既に林地に指定されているので耕作できず、数年後も荒れ地のまま放置されていた。

五〇ヘクタールの散地の一部にポプラではなく、新種の桑を植えたいという提案があった。韓国資本で山繭（天蚕）を育てて、養蚕業を興す計画だという。無理だろうと言うと新品種の耐寒桑が開発されたので大丈夫という。二〇ヘクタールに桑を植えた。山繭は朝市でざるに山盛りで食品として売っている。油で揚げると殻の中には黄色な虫肉が詰まっていてなかなか美味である。現地では産後の女性が体によいと好んで食べるという。

数年後結果を聞くと、新品種の桑は葉の量が少なくうまくいかなかった。従来の桑も試してみたが、やはり寒さには勝てず、結局ポプラに戻したという。本郷女史と私はその後実地で植え直したポプラを確認した。

四　植林事業での見聞と体験

二〇〇三年から二〇一七年まで一五年間、日中緑化交流基金の助成を受け、吉林省林業庁と協力して宮城県日中友好協会は吉林省砂漠化防止植林事業を行った。一期三年、五期で、洮南、扶余、双遼《ソウリョウ》、九台、農安《ノウアン》各地で計一五二七ヘクタールの土地にポプラ、樟子松、桑、榛、雲杉等を計三、八〇八、二二九本植えた。この面積は一〇〇メートル幅の道路だと一五二キロの長さになる。日中緑化交流基金からの助成金は一億二千二百万円、県日中で植林及び調査に参加した人は延べ八一二名、参加者や県日中が旅費や交流のために負担した経費は計二億二千万円に上る。また、毎年春宮城県「未来の東北博覧会基金」からは、交流のための費用一部を補助していただいた。植林を長期担当した本郷さんと私の中国での会議やその他の旅費はこの額に含まれていない。

(1)

洮南をはじめ各地で我々植林団の植樹は、午前中三時間ほどである。植えるための穴はあらかじめ林場職員がほっておいてくれるので、それほど疲れる作業ではなかった。多くの参加者が、わざわざ植林に来たのだから午後も植えたいという。もっともなことなので、隋さんと林業局の幹部に伝えたところ、皆さんご老体には参加していただくだけで十分です、ゆっくり休んでください、と言われた。しかしさらに問いただすと驚くようなことがわかった。我々が引き揚げた後、林場職員がもう一度植えなおすので、手間はこれ以上増やしたくないというのである。皆さんにはとても言えなかったので、事務局長の本郷さんと二、三の幹部の皆さんにだけ伝えた。

洮南植林三年目には、丁寧に植えるので、植えなおさないでほしいと、林業局にお願いして、植樹開始前に実地講習を行ってから植え始めた。その年の夏、生育調査を三か所で行ったが、他の二か所に比べて生育率が少し低い箇所があった。理由を聞くと、そこがまさしく我々が植えたのち植えなおさなかった所だという。日本で植林や庭木を植えた経験をお持ちの皆さんが、丁寧に植えても違いが出るのは驚きであった。日本がいかに恵まれた気候なのかを実感した。

植林現地で、長春からわざわざ参加した幹部や現地の政府関係者と私は報道のため一緒に植樹を再三したが、カメラを前にして急ぐせいで植え方が乱暴で、これはすべて後で植えなおされたに違いない。

その後の各地では講習後に植林を行ったが、その後の処置は聞かないことにした。また、最初のうちは三年苗のポプラ、樟子松を植えていたが、その後多くは一年苗の小さい樟子松やポプラを植えるようになったので、この問題は気にならなくなった。

(2)

洮南では植林に参加した皆が朝食前朝市を見学するのが恒例である。朝市は当初路上で開かれていたが、間もなく大きな専用の建物に移った。規模は大きく、有名な仙台朝市はくらべものにならない。人出も大変で客引きの甲高い声が響き渡る。肉は牛、豚、羊、それから驢馬がそれぞれのブロックに分かれて売られていた。驢馬肉は大変珍重されて、「天有鳳凰、地有驢肉」（天には鳳凰の肉があるかもしれないが、地上には驢馬がある）と言われている。売り場では、本当に驢馬だということを示すために、ひづめや毛がついたままの足一本が無造作に並べられている。このころは貨物自動車に混ざって、驢馬が牽く荷馬車が活躍していた。驢馬の大きな濡れた黒い目は本当にかわいい。しかし最近は自動車が主流となり、驢馬が牽く荷車も目にしなくなった。おそらくそのせいだろうが、最近驢馬肉の肉饅（包子）も食べる機会が少なくなった。

魚はほとんどが淡水魚で、小学生時代釣りをした関係で、特に興味があった。フナ、鯉、草魚、ナマズ、ハスなど懐かしい魚が大量に並んでいたが、シユウカや雷魚は見かけなかった。ほとんどが養殖だそうだ。大きなバカガイもほとんど見かけなかったので、尋ねると川が汚染されたので今は食べられないとのことだった。雷魚は高級魚で、料理屋では胡瓜と一緒に鱠にしたものを再三ごちそうになった。ジストマの塊ということで、日本では絶対食べないと思うが、刺身が出せないのであなたのために特別につくってもらったといわれて、目をつぶって皿に取ってくれた雷魚を食べた。一度食べるとやけくそになってたくさん食べたが、目下のところ、寄生虫の病状は出ていない。ナマズは種類が多いのに驚いた．昔小学生のころ目の敵にした鰭に刺のあるギギュウという小ぶりのナマズはおいしいということで高い値がついていた。

朝市に出かける際には、万一のトラブルを心配して私服のおまわりさんがいつも五、六名ついてきてくれた。お巡りさんといっても、「公安」と呼ばれる正式警察ではなく、「街警」と呼ばれる地回りの警官である。そのお巡りさんの小隊長格で相撲取りのような巨漢王さんは、ボロボロの中国製日本車夏利（シャレード）に乗っていて、大変仲良くなった。一人で歩いていると拾ってくれたり、知り合いのお茶屋によって、お土産に買ってくれたりした。何かお返しにしないといと思い、尋ねると日本から中古のブルドーザを買いたいという。既に一台持っていて、市に貸し出していてよい商売になるので、もう少し増やしたいという。帰って調べてみると、中古のブルドーザは日本では有り余っているが、予想通り個人の輸出は手続き、運賃を考えると現実的ではないことが判明した。この王さんとは二〇一八年洮南訪問した際に再会したが、大隊長になっていて、立派なホンダに乗っていた。

(3)

洮南市は白城市が管轄している。満州国時代は白城子と言われていた。解りにくいことだが、市には省級と県級があり、省級市はいくつかの県級市と県を管轄している。私たちが洮南に行くと、五〇キロほど離れた白城から毎回白城対外友好協会の劉伊莉さんが訪ねてきた。私が中国育ちで、姑娘《クーニャン》と呼ばれる黄色い食用ほおずきを懐かしく思っていると知ると山のようにたくさん持ってきてくれた。秋の調査のころには朝市や街角の屋台で山積みのほおずきが売られていた。劉さんは白城と宮城県の交流を進めたいという強い意欲を持っていた。具体的には白城の文化小学校の交流校を見つけたいということだった。

中国の進学競争は過酷で、将来よい就職先を見つけるためには、限られた有名大学に入らなくてはならない。良い大学に入るにはよい高校に、良い高校に入るためにはよい中学に、良い中学に入るためには良い小学校に子供を入れなくてはならない。学区制があることはあるのだが、当時は学校や校長にお金を特別に納めると越境入学が可能になる。文化小学は白城で進学校として有名だが、さらに箔をつけるため外国の学校と交流したいということだった。

二〇〇五年九月長春で第一回東北アジア博覧会が開催されることになった。各省級市はそれぞれ外国の友人を連れてくるノルマが課されているが、田舎の白城は友人が足りない。中国人向けの安いホテルを用意するので、植林担当の本郷女史と私に参加してほしいと熱心な勧誘を受けた。その際ついでに文化小学を視察してほしいというのである。博覧会見学はそれなりに面白かったが、強烈な太陽に照らされて大変な苦行だった。入った途端香菜の匂いが強烈なホテルでは日本人と見破られ、残念ながら劉女史の懇願むなしく高額な外賓料金を取られてしまった。

文化小学は聞きしに勝る巨大小学校で、立派な校舎に生徒は三千人を超し、教員は一四二名、英語教育の外人教師も雇っているとのことだった。またさらなる拡大のため新校舎も建築中だった。校長の呉女史は共産党一六回大会代表、労働模範、「吉林省女傑」の称号等を授与されたやり手であった。展示室にはさまざまな賞状とともに校長が温家宝総理にサインをもらっている写真も飾られていた。

帰国後宮城県教育庁に交流校の選定をお願いしたところ、白城には丹頂が飛来する湿地向海保護区があるので、伊豆沼のほとりの若柳小学校が適当だろうということになった。そして二〇〇六年春私たちが植林に訪れる際に交流協定を結ぶ運びとなった。ところがその直後風向きが急変した。当然のことながら多額の金銭が絡む越境入学はひどいと思う人たちが中国にも沢山いた。その世論で、金銭を伴う越境入学は突然禁止になり、呉校長は解任された。新校長は交流どころではないという。予定通り交流協定を結べないという校長に話を聞いたが、確かに大変だった。ほとんど完成している新校舎建築費支払いの目処が立たないという。銀行との融資の話があったのだが、それはあくまで呉校長との口約束で、書面の契約がなく、銀行は融資を拒否しているということだった。前校長はトラブルを避けて、南方の息子のところに行ってしまい、連絡が取れないという。省対外友好協会も、外国との約束なので、今更中止はできないと新校長を説得したのだが、うまくいかず結局他日形式的な交流協定が結ばれた。間に入った私には大変後味の悪い出来事だった。

二〇〇九年文化小学の李校長と副校長二人で若柳小学校を訪問したいとの連絡が入った。県教育庁のお世話で、若柳小学校に連絡の上、七月に蘇武理事長、本郷事務局長と私で二人を案内した。掃除している生徒や家庭科教室、工作室に感心していた。日本人の「敬業精神」はこうして育つのだという感想だった。プールにも感心していたので、文化小学では簡単に作れるだろうというと、父兄から泳ぐ暇があれば勉強させろといわれるとのことだった。生徒が掃除するのは考えられないとのことだったが、最近はところによっては生徒が掃除することもあるそうである。

呉校長の消息を聞いたところ、白城に戻っていて、小さな私立小学の校長をしているとのことだった。二〇一六年副校長とメールのやりとりがあったが、呉校長は既に故人になったそうである。

劉伊莉さんはその他にも洮南よりはるかに田舎の高校に日本語科を作るにつき日本語の教師を探してくれと頼まれた。しかし宿舎に給湯設備もないような田舎には行く人は見つからないと返事した。洮南のホテルでは限られた時間だけにお湯が出ていた。定年になった劉さんはどこか山東省のリゾートでホテルを経営しているそうである。

五　隋希英、張国華、本郷女史

十五年にわたる植林事業を通じて多くの方にお世話になったが、特にこの三人との交流は忘れられない。隋女史は吉林省林業庁対外弁公室副主任として、植林事業のほとんどの時期にわたって私たちの活動をサポートしてくれた。長春での最初の会談から始まって、彼女には植林、調査、日中植林会議等で彼女が定年になるまで世話になった。事業開始当初私は警戒していたが、あとでは色々ざっくばらんに相談するようになった。

植林事業が始まった当初中国は貧しく、恐ろしく汚かった。洮南に植林に出かけた春、遠くに一面に白い大きな花をいっぱいに咲かせた並木を見かけた。私には思い当たらない春の花なので、注意してみるとそれは春先の強風に飛ばされ、ポプラ並木に引っかかったビニール袋だった。部落はずれにはアヒルが遊んでいる小さなため池があったりすると、そこはまた生活ごみのゴミ捨て場だった。農家の大半は泥レンガ、泥屋根の家だった。降雨量が少ないので、屋根に泥を塗りつけると、アルカリ土壌がかたく固まり、十分に雨風に耐えるのである。農民の生活が徐々に改善し始めて、瓦屋根の農家が、長春近くではだいぶ増えていたが、洮南のような田舎ではまだ少なかった。秋の調査の際には次年度予定地を視察する必要から、本郷さんと私は隋さんともども林業庁や現地の森林警察の四輪駆動車で、本隊とは別行動をとることも多かった。隋さんは林業大学を卒業した専門家で、病虫害駆除のテキストも書いている。日本語はできないが、英語はできるというのだが、私とは英語の会話は不可能だった。吉林省西部の内蒙古に隣接している広大な平原は湿地の干上がった後で、アルカリが白く露出していたり、遠くから見るととても美しい真っ赤な厚岸草が群生したりしていた。当時の林業庁長劉延春は土壌改良の専門家で、その功績で全国表彰を受けていた。（お会いした際記念して発行された記念肖像切手を一シート頂戴した。）彼女に林業庁が実施している土壌改良の実験場や白城にあるポプラ遺伝子基地も案内してもらった。一口にポプラというが実際は一五〇種くらいの品種がある。日本のポプラは土地に合わないせいか、白城では見るも哀れな姿だった。現在吉林省西部で植えられている品種は「小x黒」という品種で、最も風土に適しているが、それでも四〇年たつと幹にす（鬆）が入ってしまうのでその前に伐採される。

隋さんは社交的で、本郷さんとはとても馬が合った。車の中で中国語と日本語の教えっこをして、すっかり仲良くなった。すばる（昴）を日本語で歌えるようになりたいと、本郷さんに歌詞を繰り返し教わり、その音を中国語で書きとり、間もなく日本語風に歌えるようになった。高い声量豊かな歌い方はなかなかのものだった。

隋さんには二〇〇四年国際緑化推進センターからの助成を受けて一週間研修に来てもらった。当時は中国の人たちには外国旅行はとても難しく、自費の旅行は経済的にも、制度的にもできなかった。隋さんも米国には短期間視察に行ったことがあったが、日本は初めてだった。隋さんの研修については県林業科ＯＢの佐藤末吉さんにお世話になった。林業試験場、古川農業試験場、各地の森林組合、蔵王の全国植樹祭跡地、鳴子、津山モクモクランド、松島、塩釜等あちこち案内したが、日本の林業の現状については私にとっても初耳、初体験が多く、とても勉強になった。終始同行した本郷さんと隋さんはすっかり意気投合してしまった。

次の年には洮南で私たちの面倒を見てくれた劉亜賢主任を研修に呼んだ。彼女が来るに際して洮南市長許広山や孟四海林場長も一緒に来たが彼らは東京関西を視察して帰った。共同事業を行う中国側の大きなメリットは、関係者が日本視察に訪問できることだった。歓迎で秋保温泉に一泊したが、温泉に入る経験がなかろうと、協会側からは蕪武理事長、本郷さんと私がそれぞれお客さんと同室した。許市長は林業庁出身の林業専門家である。市長が韓国資本を入れて、ごみ焼却場を建設する予定というので、当時問題になっていたダイオキシンが心配になり、仙台のゴミ焼却場を劉女史に見てもらった。

張国華さんは私が協会入会したころは、後にリーマンショックで清算してしまった東北海外旅行に長春の旅行会社から出向してきていた。大男の張さんとは、最初はしっくりしなかった。弱みを見せたくなかったので、最初の植林協定書の中国語文作成に際しては相談しなかった。張さんの通訳するのを聞いていると、時々善意からだろうが意図的に誤訳していた。

しかし植林でいつも一緒に行動しているうちに信頼できる大変有能な人だということが分かった。名門の吉林大学日本語科の出身だから、お役人や学校関係で働くほうが向いているのでは、と聞くと卒業時には省の旅行会社に入っていたのだが、それが民営化になって民間人になったということだった。二〇〇〇年前後に吉林省や黒竜江省遼寧省を訪問した多くの日本人は張さんの世話になっている。

仙台から長春への直行便があるころは、春の植林、秋の調査には一泊のエクスカーションをとることが可能であった。今でも中国の話となると出る話題はトイレである。張さんは二〇~四〇名位の団体が利用できるトイレをあらかじめ調べておいてくれた。途中の町のホテル（旅館）が大部分であったが、変わったところでは街の計画生育センターなどもあった。そこの女医さんは仙台で研修したことがあるそうである。また、適当な場所がないところでは、道路の両側のトウモロコシ畠が男女トイレになった。昼食に利用する食堂もあらかじめ下見しておいてくれた。料理には香菜（パクチー）を使わないよう注文を付けていた。

本郷裕子さんは私が協会副会長だったころ、保険会社を定年になって、事務局を担当するようになった。高齢者が大部分でもっぱらワープロの協会に初めてパソコンを導入し、メールも始めた。植林が実際始まると事務局長に就任した。本郷さんはそのころバイクとスズキのサムライに乗って飛び回っていた。植林調査に際しては、現地の写真を撮り、帳簿を調べ、必要なところをニコンの一眼を使って撮っていた。植林地の田舎では、当時そんな活発な六〇過ぎの女性は皆無だったので、格好良い本郷さんはどこでも人気者だった。

毎年植林と調査の二回植林の現場を訪ねる際は、協力的なご夫君泰弘氏も同行してくれたが、それ以外に滞在費を中国側で負担してくれる行事が数多くあった。予想できないようなことも多く、面白くもあるので欠かさず付き合っていただいた。

日中緑化交流基金とその中国側窓口国家林業局対外合作項目中心では、一年おきに日本と中国で打ち合わせの会議を持っていた。項目中心の責任者金普春氏が吉林省出身だったことが関係していると思うが、東京の会議の後仙台にも三度ほど足を延ばして、宮城岩手内陸地震の後の復興工事を視察したり、私たちが開催していた植林事業写真展に足を止めてくれたりした。中国側で開催する場合は各地協力事業植林地の近くで開催され、全国協力事業の代表が参加する規模の大きな会議だった。これは各事業地の状況に日本側からの注文を伝える必要があるからである。そこには大きくて財政基盤のしっかりしている日本の協力団体がいくつか出席していたが、私たちのように中国側が滞在費を持ってくれたところはおそらくなかったのではないかと思う。その代わりあらかじめの予告なしで、スピーチを振られることがあった。もちろん中国語のスピーチである。最初は慌てたが、次回からは無難にこなせた。

二〇〇三年の合肥を皮切りに、長沙、太原、鄭州、成都、貴陽などの会議に参加させてもらった。協力事業地の記念植樹のほかに、近隣の風景区の参観もあるので、なかなか得難い機会だった。隋さんは私たちをその時によって、長春、北京、上海で出迎えてくれた。この会議には吉林省林業庁の担当副庁長も参加したので、いろいろ話ができた。印象深かった出来事がいくつもある。長沙の会議は張家界で行われた。会議が終わって飛行機に乗るだけになったのだが、チェックインした後大雨で飛行機が欠航だという。上海から仙台に飛ぶ飛行機は週二便なので、それに乗れないと何日か待たなくてはならない。本郷さんと私を仮眠室において、隋さんの活躍が始まった。私は重要人物なので、何とかならないかと強引に掛け合い、張家界空港に止まっていた別の航空会社の飛行機でビジネス席が空いていることを聞きだした。手荷物置き場に直行し、スーツケースを探し出し、滑り込みで間にあった。成都の会議は島問題で反日デモが荒れ狂った直後で、日系のデパートは入口が破損したままだったが、隋さんには好奇心の強い本郷さんが写真を撮りにホテルを出て街に出ないよう見張りを頼まれた。ついて歩いてうるさがられた。そのあと少数民族の部落を視察したのだが、そこに毛色のすごく野性的な変わった猫がいた。中国では犬猫に手を出すのは危険だと伝えてあるので、大丈夫だと思ったのだが、果たして本郷さんは猫に引っかかれた。サイレンを鳴らした森林警察の車で部落の診療所に急送され、狂犬病ワクチンを注射してもらった。このワクチンは保存する温度が難しく冷蔵庫で保管されている。狂犬病がそれほどありふれているのか、会議のために特に準備されていたのかはわからない。改めて本郷さんから目を離さないよう隋さんにきつく言われた。帰国後には継続して数回注射をする必要がある。仙台ではワクチンを注射できる場所は極めて限られている。帰国後その病院に、説明のため同行したが、当直の若い医者は、初めての注射で、インターネットで副作用を色々調べていた。

六　戦後七五年

吉林省の五か所で十五年にわたって植林を行ったわけだが、その昔の満州国と現在の日中関係が様々な形で我々の植林活動や交流にも影響を及ぼした。

〔1〕

春の植林に際しては、その場所での現地の皆さんとの交流を心掛けたが、それほど易しいものではなかった。洮南では、二日目の夕食にこちらで用意したカレーを林業局・林場の皆さんに食べてもらった。当時中国の田舎にはカレーはまだ入っていなかった。張国華さんに作り方を厨房に指導してもらった。現地の小学校や中学校の生徒が植林にも参加して、手伝ってくれた。孫とほぼ同じ年ごろの子供たちに参加者の多くは持ってきた文房具やお菓子をプレゼントした。協会も寄付されたボールペンやノートなどを学校に寄付したが、日本で景品に配れるようなボールペンでも、当時の中国で売られているものより書きやすいということだった。

植林予定地が決まると、私は県立図書館にある開拓団の資料で敗戦時の様子を調べることとしていたが、洮南の次の植林地松原市扶余県は問題だった。敗戦の際、当地に入植していた開拓団がほとんど全員虐殺されていた。先入観があるせいか扶余の町では人々は、洮南に比べてどこかよそよそしく私には感じられた。ここの植林地増盛鎮にある増盛林場は、昨年予定地として視察した草原から急遽変更されたもので、私にも行くのは植林時が初めてだった。増盛鎮を管轄する松原市は石油が採れるところで、街の中いたるところで汲み上げポンプが動いている。私たちが前年視察した予定地の草原はとてもよさそうだったが、そこで石油採掘がにわかにはじまることとなった。増盛林場は松花江のほとりにある。小石の全くない砂地である。林場のはずれは高さ七、八〇メートルの固まった、しかし崩れやすい砂でできた断崖で、はるか眼下に水量があまりない松花江が流れている。松花江はここでは固まった砂層にできた深さ一〇〇メートルほどの峡谷を流れていた。この断崖は雨が降る度に侵食されて、いたるところに不規則な溝ができていた。林場では灌漑のための井戸を掘ったが計画書で見ると深さ一〇〇メートルだった。松花江の水は林場では利用できないようである。このあたりの砂を樹木で固定して、雨水による土壌流失を防ぐのが植林の目的だった。

私たちの植林を現地の学校の生徒たち六〇名程が手伝ってくれた。通常の六・三・三制の教育システムではなく、この学校は八年制の小中一貫校であった。貧しい農村で教育を素早く普及させるために作られた就学年を短縮した変則的な学校である。例によって、私たちはこの子供たちとのカレー交流を提案した。一年目植林の際、林場に隣接した、平屋のこの田舎の小さな町としては広い食堂が使われた。植林に参加した何人かの女性や張さんがジャガイモの切り方や料理の作り方を現地の料理人に教えた。中国では食事がカレー一皿だけというのは馴染めず、中国側の負担で炒め物が二皿ほど追加された。中学生たちとの交流は日本側の参加者には大変好評だったが、受け入れ側にはそうとは言えないようだった。何人か全く食べない女生徒がいたので、先生に尋ねると、彼女たちは回族だった。

二年目私は回族の生徒たちも食べられるように豚を使っていないと明記されたレトルトカレーを用意して行き、先生に回族の生徒を教えてくれるように頼んだが、先生は今回面倒なので回族の生徒は外したといった。仕方がないので、お土産に渡すように頼んだ。

隋さんはこの二回目は学校の生徒にご馳走をすることにはっきり難色を示した。万一食中毒が出たら、植林事業ができなくなるような大騒ぎが起こるという。実際それは杞憂とは言い切れない。沢山の開拓団避難民が葬られている黒竜江省方正県では、ちょうどこころ昔の縁を使って中日友好を盛り上げようと事業を計画したのだが、初めの好意的報道に続いて、全国的なネットの非難の嵐が巻き起こり、計画は中止、県の党書記は更迭されている。カレーは食中毒の心配はないと説得を試みたが、食物アレルギーの子がいたらどうするという。三年目は、我々が訪れた時食堂が改修工事中ということで、中学生との会食は中止になった。

農村の変則的な学校の生徒たちに将来の希望を聞いて驚いたのは、ほとんどが大学か高専進学を希望していることだった。通常の教育制度も満足に施行できなかった極貧の地域にも変化が起こり、進学希望者があふれていた。

(2)

九台・農安での植林はちょうど尖閣諸島問題で日中関係が険悪な時期にあたる。日本の尖閣諸島国有化に反発する反日デモが全国各地で起こった。植林で訪れる小さな県級都市ではデモなどはなかったので、予定通り植林・調査は行われたが、受け入れ側は騒ぎが起こらないように細心の注意を払った。私たちが朝市に出かける際には、私服の街警（正規の公安ではない現地のお巡りさん）が増員されていた。朝市の人込みで聞こえよがしに日本の悪口を言う人もいたが、張さんはこの人達は身銭を切って植林に来たと声を張り上げて説明した。私は街の人たちと話すのが好きだったが、張さんは脇から、この人は新中国に貢献した人の子供で大学の先生だと宣伝してくれた。

朝公園を散歩していると、老人たちが話しかけてきた。カメラをぶら下げているので目立つのだろう。六〇歳定年なので元気な人も多い。よもやま話や定年後の暮らしの話をすることも多かったが、中国の新聞論調と同じような主張をして、日本はけしからんということを言う人も少なくなかった。私はまるで日本政府代表であるかのように、日本側の説明をする羽目になったが、話の終わりはほとんど、政府は政府、人民は人民、お互い仲よくしようということで終わった。

九台で宿泊したホテルは銭湯も経営していた。大きな浴槽にたっぷりなお湯があり、快適なので、酔っていないときはいつも利用した。何人もの垢すりのお兄さんがいるところが、日本と違っている。そこのお風呂で学校の先生という中年の人と話していると、よもやま話から島の問題に話題が変わった。のぼせてしまう心配があったが、やはり人民は仲よくしなくては、という終わり方にできた。

(3)

中国では六〇歳定年といわれているが、普通女性は五五歳である。しかし職階がある程度上だと男性と同じ六〇歳定年である。隋さんはこの六〇歳定年に該当していたが、私たちとうまくいっていることから、同じ副主任のポストをずっと動かずにいたが、昇進は老後の処遇につながる大事なことである。定年二年ほど前に、鳥獣保護の閑職ではあるが、主任に昇格した。後任は金雁峰という四〇歳過ぎくらいの男性で、退役軍人だった。中国では陸軍を大幅に減員したこともあり、退役軍人の就職はなかなか大変である。林業は初めてで全くの素人という。好奇心から何かコネを使ったのかと聞くと、難関の試験を通ったという。最初のうちは隋さんが事情の分からない金さんの相談に乗っていた。

だんだん接触する機会が増え、林場の昼食会など金さんは日本語ができないので隣り合わせに座ることが多かった。色々聞くと、彼は吉林省の残留毒ガス処理で日本側との折衝に当たっていたという。だから日本人と接する今回のポストはむしろはまり役なのだろう。

敗戦直後私は友達と遺棄された関東軍の兵営に忍び込んで、いくつも防毒マスクを持ち帰ったことがある。その時は何事もなかったが、今から振り返ると、その遊びはかなり危険だった。二〇〇四年頃、日本でも当時報道されたが、斉斉哈爾市の開発現場で関東軍の埋めた毒ガスの缶が掘り出され、漏れたガスで死人が出た。私たちが忍び込んだ兵営には沢山の防毒マスクが転がっていたが、おそらく関係した部隊の兵営だったのだろう。日本ではあまり知られていないようだが、旧関東軍が敗戦に際して遺棄した毒ガスがあちこちで発見されている。日本政府の資金で、北欧の企業が除去を請け負っている。金さんに日本側の対応はどうだと聞くと、どこかで発見され、それについての資料を求めると、資料をくれるが、予めどこに遺棄されているかの情報はよこさないので効率が上がらない、とあまり良い評価ではなかった。

金さんはなかなかの愛国者で、そのころから普及し始めたスマホ決済について、中国はこの分野の先進国だと自慢した。あまりの自慢ぶりに、中国の偽札がひどすぎたのが幸いしたね、と意地悪なコメントをした。

(4)

緑化交流基金の援助で植林を行う際には、基金の助成事業である旨を明記した標識を設置することが求められている。立派なものを求められているわけではないが、私が視察した他の団体の事業地はどこもかなり立派な石碑が建っている。私たちの事業でも五か所にすべて立派な石碑が建てられた。松原の碑文は千葉省三氏の書が採用された。記念碑を建てる場所は、我々が初年に植林をするところで、毎年吉林省対外友好協会や対外交流部の職員も数十名が植林に参加していた。もちろん記念碑除幕式にも参加するのが恒例だった。

植林地はいつも地の利が悪いところで、私が下見に行くときは、四輪駆動車で狭い畠の間の泥道を行けるだけ行き、あとは徒歩で歩くのが常だった。九台は植林四期目にあたる。丘陵を上がるのに、肺気腫気味の私は息も絶え絶えの状態になった。またそのころ十年続いた協会長を辞任したいと思っていると伝えたことも影響したのかもしれないが、隋さんは大きな記念碑を建てて、植林の経緯を記したいと言っていた。二〇一二年春の植林準備を私たちが始めようとしていたころ、隋さんから大変なことが起こったという電話があった。巨大な石碑を現地に運ぶ手段がなかったのだが、何とか大型トラックを手配したものの、今度は積み込むクレーンがない。無理を承知で、現場にあったクレーンで釣り上げたところ、落下して破損してしまった。新しく造るつもりだが除幕式には間に合いそうもないということだった。

四月二一日の除幕式には、新しい記念碑は何とか間に合った。記念碑後ろの丘陵が主な植林地である。碑の周りの私たちが作業をする狭い平地の植林地は、バスが通れる舗装道路から半ば乾いた粘土質の湿地で二キロほど隔てられていた。途中には水が少し流れている幅一メートル程の水深はほとんどない小さな泥川があった。舗装道路から記念碑までの間には臨時の土盛り道路が作られて、私たちや、対外友好協会の人の乗る大型バス、式に参加する偉い人達の車が式場まで行け、行事は滞りなく行われた。

次期事業地農安は九台とともに長春近郊である。農安の植林に際して、ついでに記念碑を見に行こうと舗装道路まで来てみたが、臨時に作った盛り土道は手当していないのでもはや通行できなくなっていた。その後も舗装道路まで何回か行ってみたが、小川周辺はドロドロで車が行ける状態ではなかった。というわけで、この記念碑の立っている場所は遠くから眺めることはできても、その後一度もそばに行っていない。

(5)

私たちが行く植林地までの道路をバスが通れるように改修する工事、記念碑の費用は中国側の負担で、交流基金に提出する全体の予算書では、道路改修費としか書かれていなかった。私たちの資金は苗木購入費とか植林地整備の費用に充てられた。場所によっては、林場が自分のところの苗木基地で苗木を育てているので、通常の領収書が出せないという問題が生じたが、何とか領収書の体裁を整えて、決算ができた。大口の数枚の領収書で済んだので、決算書作成はそれほど面倒ではなかった。

農安の申請書を出す打ち合わせを電話でしているとき、隋さんから時節柄記念碑の費用を中国側の予算書に明示できないという。日中関係が最悪の時期である。何度かやり取りをして、隋さんたちが予算を作りやすいように、私たちは労務費の一部を負担することとなった。日当一〇〇元(約一六〇〇円)の農民工たちひとりひとりの拇印を押した膨大な領収書を処理しなくてはならなくなった。膨大な領収書の束を一枚ずつ写真に撮って、メールで送ってもらったが、閉じこんだまま撮った写真は不鮮明で、基金の審査を通せなかった。仕方がないのでコピーした領収書を郵便で送ってもらったが、これらの領収書は前に不鮮明状態で提出したものと一致しないと再び基金から却下されてしまった。林場では私たちの協力事業は全体の仕事のほんの一部なので、たくさんの領収書の中から金額が合うものを適当に選んだのだろう。前に送ってきたものと同じものが果たして探せるか心配しながら、前に送ったものの複写コピーを送れと求めて何とか基金の審査をクリアした。

私たちが植林事業を始める際、インチキをするなときつく隋さんたちに言ったことを意識はしてはいたが、この間のつじつま合わせは政府間対立の余波でもあり、誰かの私腹を肥やすわけではないからと自分を納得させた。

基金からの最後の助成金を中国側に送金するのも一苦労だった。当時苛烈を極めた反腐敗運動に引っかかったのである。農安の林業局からお金が下せないという連絡があって間もなく、銀行員ではない、名乗らない偉そうな声の人物から、高飛車な電話がかかってきた。これまでの植林事業やそれ以前の吉林省との交流を話して、必要なら吉林省対外友好協会、省政府の対外弁公室に問い合わせなさいといった。それで終わったかと思っていると、数日後再び同一人物から電話があり、私たちの協会が本物である証明を求められた。私たちの協会は一九五七年に創立されて、全国の日中友好協会傘下にあるのだが、NPO登録をしていない任意団体である。いわれてみて、インチキではないことを証明するのは、大変難しいことを実感した。だいぶ前NPO登録を検討したことがあったのだが、持ち出しばかり多い協会役員は交代が多く、登録すると手続きが大変面倒だという他県協会の感想があったので、沙汰やみになっていたのである。日本は結社の自由があって、今のままで不自由なくやってこられた。それ以上の証明はできないといって電話をきった。

二年後農安を訪れた際、我々が協力した当時の林業局長他が健在で、歓迎してくれたので、おそらく嵐は無事過ぎ去ったものと思われる。風の便りによると、三期目の事業地双遼の林業局副局長だった女性は失脚したそうである。彼女は声がとても素敵なのでほめると、他の人もほめてくれるといっていた。

(6)

仙台長春便が飛ばなくなると、仕方がないので新潟哈爾浜便を利用した。仙台から約四時間長距離バスで新潟空港へ行き、哈爾浜で一泊、翌朝高鉄（高速鉄道）に乗って長春へ行き、帰りは哈爾浜で一泊して翌朝新潟へ、という非効率的な日程になってしまった。これまであった吉林省イクスカーションが取れなくなり、代わりに半日程度の哈爾浜観光が日程に組み込まれた。七三一部隊遺跡展覧館もその一つである。一九九九年敗戦時斉斉哈爾にいた仲間で竜華会訪中団として行って以来四、五回は訪れている。日本人として行って楽しいところではないし、昔は政治宣伝色が強すぎるよう思えた。最近はアウシュビッツに倣って世界遺産を目標にするということで、客観的展示を目指しているようである。その昔の日本軍憲兵の几帳面さのおかげで、ホールの壁にこの実験施設に送り込まれて、犠牲になった人々の写真が一面に貼られている。

私たちが植林をした農安も七三一部隊に関係がある。ペスト菌の実験を行っていたのである。満州国首都新京（長春）のすぐそばでこんな実験をするとは考えられないのだが、ウィキペディアによると、実験に基づく学位論文が出されているそうである。

私たち植林調査訪中団が訪れた際、四歳くらいの女の子を連れている若い中国婦人を追い越した。女の子が母親に私たちのことを話していることが分かったので、声をかけてみた。母親によると、私たちが話す言葉が中国語でないので、最初どこの人かと聞かれ、日本人だと教えると、女の子が自分も殺されるのでは、と心配しているとのことだった。この時私たち以外に来館者はほとんど居ず、しんとした薄暗い館内は女の子には気味悪かったのだろう。母親は上海から遊びに来ているといい、企業では管理職をしているといった。女の子と話した成り行きから、母親とおしゃべりすることとなったが、当時の厳しい両国関係を反映して、彼女の論調も厳しかった。日本人は過去の反省も総括も足りない。今の日本人は昔中国で日本人がしたことも十分知らされていない、という。その通りだと思いはしたのだが、あまり一方的に責めたてられるので、仕方がなく、あなたたちも似たようなものだと反撃した。あなたは大躍進でどのくらいの人が餓死したか、文化大革命でどれだけ人命が失われたか、全く知らないでしょうと言った。私たちは立ち止まって、話していたので、私は本隊からすっかり遅れてしまい、打ち切りになったが、まだまだ彼女は話したりなそうだった。

哈爾浜から長春に向かう高速鉄道で、内蒙古ホロンバイルから瀋陽まで、今度大学に進学する息子を送るついでに初めて出てきたという一家と相席になった。思いがけずにできたという年の離れた五歳くらいの息子も一緒だった。この子があまりにも黙って見つめるので聞くと、母親は、初めて見た日本人がテレビで見る日本人と違って、普通なので驚いているのだとおしえてくれた。

七　岡千仞、金世竜、王勤謨、王惕斎

日中友好協会にかかわることとなって、思わぬ体験をすることが多かったが、岡千仞という名前を知ることになったのもその一つである。仙台の郷土史に関心をお持ちなら大抵はご存じだが、一般にはもはや忘れられた人物だろう。榴ケ岡公園に立派な石碑が残されている。一般には幕末伊達藩の勤王派漢学者として知られているが、岡千仞は明治期の日中交流先駆者でもあった。

二〇〇五年頃私は時々日中友好協会の事務局に顔を出していたが、金世竜氏が突然訪ねてこられた。私より三、四歳年長の方である。日本語を教えていた広東の華南師範大学を定年になったのち、宮城教育大学に一年招待研究者として滞在、その後日本に残っておられた。色々話をしていると、私が瀋陽に滞在していた一九五〇年頃金さんも同地にいたことが分かった。朝鮮戦争がはじまり、私たちが北京に引っ越したすぐ後のこと、瀋陽の若者の多くが戦争で命を落とすことを予想して、瀋陽で優秀な若者三〇〇名が集められて特別な教育を受けたという。瀋陽で私のクラスにいた模範党員丁鋼とともに金さんもこの特別な教育を党学校で受けたそうである。経歴をあまり話したがらなかったが、敗戦前は日

本人の学校に通っていて、日本語を覚えたという。朝鮮族ではないそうで、本人は話したがらなかったが、あるいは満州族貴族の一員だったのかもしれない。日中交流の先駆者岡千仞を再び世に出したいと、あちこちで相談したのだが、はかばかしくいかず協会を訪ねてきたのだった。

岡千仞が大変魅力的な人物で、彼が東京で開いた漢学塾には片山潜や尾崎紅葉などもいたことを教えてくれた。清の時代、明治一七（一八八四）、一八年に中国を旅行し、その詳細を漢文で書かれた日記に残しているという。日記のコピーを示され、岡の日記がいかに面白いかを色々説明してくれたが、およそ畑違いの話題に正直困惑した。岡千仞の訪問が多少なりとも中国で評価されたことが明らかでない限り今更取り上げるのは難しいといって別れた。数か月たって、岡千仞の訪問を伝える上海で発行された中国最初の新聞「申報」のコピーを持って再び現れた。

金さんは度々中国に帰って岡千仞の足跡をたどっているようだったが、旅行のスタイルも変わっていた。国内の旅行は「青春１８」の切符を愛用して、仙台から福岡に鈍行で行き、貨物船で上海に渡るのだそうだ。途中宿泊しなくてはならないからかえって高くつくのでは、という質問に山谷とか釜ヶ崎の地名を挙げた。金さんの情熱に圧倒されつつもいささか、辟易しているところに、金さんが勢い込んで現れた。岡を中国に案内した王惕斎の寧波にある故郷をとうとう尋ねあてたという。岡はそこに約二週間滞在した。その邸宅が現存していて、そこに住んでいる子孫の王勉善も探し出したという。官職についていない金さんは、移動に際しては公共の交通機関しか使えず、しかも激動の近代では地名も度々変わっているので、日記を頼りに現地にたどり着くのは容易なことではない。私たちが仮に訪問すれば、歓迎してくれるよう、現地の政府や王勉善氏に話をつけてきたという。私が中国では、岡千仭は今更だろうというと、大手出版社中華書局が岡千仭の中国旅行三部作を「近代日本人中国遊記」叢書の一冊として出版する計画があるという。金さんの話は本当でその後二〇〇九年に出版されたものが手元にある。この叢書には芥川龍之介や漱石、吉川幸次郎などの作品も含まれている。

金さんの情熱に押し切られる形で、二〇〇八年一〇月「日中友好県民の翼」の中の一班として「舟山・寧波の旅」を企画して、十三名で寧波市慈城県黄山（村）を訪ねることとなった。金さんはわざわざ案内のため自費で現地に来てくれた。この黄山村は清、民国時代を通して王一族が君臨していた。王勉善氏は王惕斎の弟王治本の曽孫にあたる。

王惕斎は明治初期に中国の書籍や文具の商人として東京に来た。顔が広く、清朝の在日役人との交際が深く、日本の知識人との交流も深かった。また多くの日本を紹介する書籍を出版した。日本語教科書などのほか、変わったところでは「日本陸軍軍制提要」、「図解高島易断」といった書籍もあった。だが、当時留学生として日本に来ていた魯迅達若者には好かれていなかった。魯迅の短文「嘲王惕斎」が残されている。その弟王治本（漆園）は当初中国語の先生として明治一〇年に日本に来たが、西南戦争の影響で教えるはずの学校が閉鎖され、日本各地を旅行して各地の知識人と交流した。中でも旧高崎藩主大河内輝声とは交流が深く、筆談の記録大河内文書は有名である。そのころのことを書いたものを読むと、当時の知識人は漢文の素養が深く、話せないが自由に書くことができた。各地で知識人が自分の文章をみてもらって褒められると喜んでいた。治本は書も能くして、各地に多くの書を残している。金さんは仙台では当時発行の名士録に王治本の名前が載っているといってそのコピーを見せてくれた。

その昔、黄山村には二軒の豪邸があり、それぞれが王惕斎、王治本の実家だった。王惕斎の旧居は既に大部分が取り壊されていたが、王勉善氏が所有する王治本の旧居は、荒れ果てているものの、昔の栄華の名残をとどめていた。王勉善氏は、その昔王一族の私学だった黄山の小学校校長を退職したばかりだった。黄山に行く前、元校長の王氏は普通語（標準語）を話せると聞いていたが、訛りがきつく、私には半分ほどしか理解できなかった。古く戦国春秋の時代から栄えた、誇り高いこの地では、なかなか外の影響を受けにくく、少し離れると、言葉が変わるそうである。別れ際に王惕斎の曾孫である王勤謨氏の自費出版本「百年往事随記」を王勉善氏から贈られた。地方豪族の暮らしと近代百年の風波が描かれ、私は興味深く読んだ。

翌二〇〇九年、この年の「県民の翼」を企画していたころ、金世竜氏が難題を持って現れた。金さんとの義理を果たして、今度こそは念願の寧夏に行って、西夏の遺跡を見たいと思っていた。金さんによると、王勉善氏が寧波市に働きかけて、市の招待宴をセットしているという。更にその日に合わせて王惕斎の曾孫王勤謨氏、一族の北京大学副学長王義遵も北京からわざわざ黄山村にくるという。こちらの都合も聞かないで準備を進めるのは先方の勝手だと断った。金さんは準備をした王勉善氏の面子がつぶれて、大変がっかりするだろうという。当方の「県民の翼」を知って、金さんが再訪の可能性ありとひそかに伝えたのだろうと思ったのだが、朴訥な王勉善氏の顔が浮かび、さらにはもらった「百年往事随記」の著者とも会ってみたいという気持ちもあり、急遽「寧波黄山の旅」班を作って募集したところ、六名の参加者があった。

王勤謨氏は新中国建国当時清華大学の学生で、卒業後は戦車などの武器製造部門で働いた。いただいた自費出版の「百年往事随記」は読んでなかなか面白かった。一九四二年日本軍が村を占領したとき、日本で暮らしたことのある「東洋婆婆」(日本婆さん)とあだ名をつけられていた祖母は、村人に頼まれて正装して、日本兵に会いに行った。日本風のお辞儀をした上で落ち着き払って交渉した結果、日本軍は引き揚げ、以後一度も来なかったそうである。清時代の王一族の暮らし、日本とのかかわり、辛亥革命以後の内戦、文化大革命といった激動の中の王一族の変転が描かれ、とても興味深い。土地改革に際しては、邸宅を村の党書記に無償で提供した代わりに、区分を「地主」から「富農」にしてもらったそうである。岡千仞が驚いた豪壮な王惕斎の屋敷は大部分取り壊されたが、王治本の屋敷は、荒れ果ててはいるが、その昔の栄華をとどめていた。王惕斎の屋敷にあった立派なベッドなどの家具、それから邸宅を飾った十六幅に上る大きな「こて絵」(磚屏)などは、文化大革命で仏像が破壊されて、空になってしまった結果、博物館となった保国寺で見ることができる。このお寺はとても古く、構造が特異な木造建築で、「海のシルクロード」世界文化遺産候補の一部になっている。

王勉善氏は荒れた邸宅に少し手を入れて、二階の一室には王惕斎、王治本、岡千仞の資料、私たちが提供した榴ケ岡の岡千仞石碑写真などが飾られていた。

予定表に村党書記の昼食招待というのがあった。村の居酒屋での食事だろうと、期待していなかったが、行ってみて驚いた。湖水に面したレストランは清時代の料亭を復元したもので、前庭には高級車が並んでいた。出てくる料理も、当地の料理だというが、淡白な洗練されたものでおいしかった。とはいうものの、周りの人との会話に忙殺され、半分も手を付けられなかったのが心残りである。北京大学副学長とはここで別れた。

慈城地方の歴史をしらべている寧波の大学教授など沢山の人と会話した。前年の私たちの訪問を契機に、黄山村の王一族に改めて注目が集まり、当地で発行されている雑誌に特集されていた。私たちの訪問当時は、ちょうどこの地方の観光振興を図っていた時で、レストランに隣接する清代の衛門（ヤーメン）がきれいに復元されていた。また、すぐそばの丘には、昔の大きな道教寺院も復元されていた。

夫婦で帰省された王勤謨夫妻は、親しみやすい方たちだった。一族の歴史を調べる中、清、民国初期の日中交流には大変詳しくなっていた。現代中国語の語彙の多くは日本由来であることや、王惕斎が数多く日本紹介の書籍を発行したことなどを話した。いただいた著書が面白かったと伝えると喜ばれた。

王勤謨か王勉善のどちらかが仙台に来るようなら、仙台で何か行事を考えたいと伝えたが、王勤謨氏は人工関節が思わしくなく、王勉善氏がまじめに考えるといってきた年に、大震災が起こり、結局実現しなかった。この年寧波出版社から出された王勤謨著「近代中日文化交流先行者　王惕斎」、「百年往事随記」が郵送で送られてきた。どちらの本にも序文に私たちの訪問が正式出版のきっかけになったことが記されている。

二〇一七年の春節休みに王勤謨の子息夫婦が仙台に行くのでよろしくと王勤謨氏からメールが届いた。来るならご馳走をしようかと思ったのだが、仙台で一番のホテルに泊まるというし、到着時間が遅いので、結局駅前で牛タンをごちそうした。この時王勤謨氏の近著「王惕斎及嫡孫文集」をいただいた。翌日は岡千仞など明治初期の日中交流をテーマに学位論文を書いている閻秋君女史も加えて四人で私の運転で猫島として有名な田代島に出かけた。これは王夫妻の希望によるものである。日本語はできないが日本がとても気に入っている王力田さんはこれまで再三日本に来ていて、将来は日本に住みたいとさえ言っていた。

第五章　――エピローグ　漂着

(1)

先日八五歳の誕生日を迎えた。よく大病もせずにここまで来たものだと思う。七年前の九月妻富士子が亡くなった。ハルピンから帰る前日だった。子供たちが看取ってくれたが、私としては慚愧に耐えない。彼女には本当に助けられた。

定年まで本業だったとしている研究や教育についてほとんど触れなかった。今も記憶に遺るいくつかを書き残し、お世話になった方たちに感謝したいと思う。

博士論文は板橋清己氏のお手伝いで書いた論文の延長だったが、割と良い論文だった。ほとんど同じ内容のシカゴ大学教授の論文がアメリカの雑誌に載って、世界的に話題になったが、私の投稿はそれより早かったので、ある程度業界では知られたと思う。武田暁先生の推薦が大きかったと思うが、東京大学原子核研究所（核研）に助手として採用される理由の一つになったと思う。核研応募書類に本籍は書いたが、一日中大学にいるので現住所を書かなかった。面接の通知は誰もいない本籍水戸に送られ、私には届かなかった。研究室に面接日当日に問い合わせの電話があった。慌てて先生にお金を借りて、その足で着替えもせずに田無の研究所に駆け付けた。到着は五時を過ぎていた。他の応募者の面接は早く終了していたのだが、各地の先生たちからなる面接委員は残って待っていてくださった。面接最後になぜ住所を書かなかったかを聞かれた際、毎日大学に行っていることがはっきりしているのに、通知を水戸に送る方がおかしいのではないかと反論した。

核研では山口嘉夫、緋田吉良両氏が教授、助教授で居られた。山口さんは回転の恐ろしく早い方で、「ワイワイさん」のあだ名があり、中途半端なことを言うとたちまち問い詰められるので、尊敬もされ、怖がられてもいた。なるたけ自分が得意とする話題の時だけ山口さんと話すようにした。イタリアからの研究者の接待を仰せつかったのが縁で、私の英語力が少し認められたのだろう。山口さんからイタリアのトリエステにある国際原子力エネルギー委員会が運営する国際理論物理学センター主催の二か月にわたる研究会に興味があるかと聞かれた。怖さ半分ではあったが、ぜひ参加したいが、経済的に無理だと答えた。山口さんの紹介で朝永振一郎先生の推薦状をもらい、東レから参加するための奨学金をいただいた。

トリエステは地中海に面し、ユーゴと隣接するとても美しい街である。そこで開かれた一九六五年五月三日から二か月にわたる研究会は大変大規模で参加者には、多くのノーベル賞受賞者やこれからもらいそうな有名な花形研究者がそれこそ山のようにいた。ハイゼンベルグも来ていて、彼がそのころ発表した「究極理論」について講演した。普段は顔を見せない奥さんたちもハイゼンベルグを見に来て、会場は満員だった。ハイゼンベルグの論文はそのころすでに欠陥を指摘されていたが、質問はみな遠慮がちだった。しかし、共同研究者が別の機会に詳細を講演すると、質問の嵐に見舞われた。トリエステで私は自分の英語力にかなり自信がついた一方、理解できない講演も多く、討論にも加われず、研究者としての自信を無くしてしまった。

このころはまだ外国に出るのは大変不自由で、訪問したイタリア、ドイツ、スイスでは観光地に行っても日本人にはほとんど出会えない状態だった。滅多にない機会なので、節約をして残したお金を使って、スイスの研究所の知人や前に知り合ったナポリ大学の先生を訪問したりして、イタリア、ドイツ、スイスをあちこち二週間ほど旅行して帰った。私は公務員の規則を全く意識していなかったが、帰国して山口さんにひどく怒られた。何にも手続きをせずに、二週間行方不明だったのである。現在表ざたになったらおそらく免職になるところだ。定年後大分たって自分の人事記録を見る機会があったがこのことの記載は譴責も含め何もなかった。

このころ大学の若手は外国に出かけて、武者修行するのが普通で、緋田さん、山口さんも出られるうちに外国で修業することには寛大だった。アメリカのいくつかの大学の募集に応募したが、緋田さんの知人である日系アメリカ人の田中教授に研究員としてオハイオ州立大学に雇われることとなった。周りには、研究の中心である例えばプリンストンのようなところに行くべきだと、忠告してくれる先生もいたが、待っていて採用してくれるかはっきりしなかったし、給料も違うし、そしてなによりもトリエステの経験から恐ろしかった。

一ドル三六〇円で換算すると、アメリカでの収入は日本のほぼ十倍だった。結局これ以上帰らないなら除籍になるという警告を受けて、三年の滞在を終えて帰国した。この三年の滞在中それなりの成果は出したが、いろいろ失敗もあった。振り返るとスポンサーの教授と共著の論文は一編も書かなかったのは配慮、常識を欠いていたと思う。

帰国して間もなく仙台の中林陸夫先生から、東北大学教養部に空きがあるが、希望するのなら推薦するという連絡があった。卒業時に先生に軽い気持ちで、そのうち教養部にでも帰ってきたいですね、と言ったのを覚えていてくださったのだ。

教養部に赴任して間もなくこれまで経験したことのないいじめにあった。私の軽率な言動が物理学科の一部から怒りを買ったのだ。また、物理学科で私一人が理学研究科の大学院担当だったことも影響したかもしれない。嵐が過ぎ去るのを何とかやり過ごそうとしたのだが、ひどくなる一方だった。長老格の先生から、あなたにはどこも悪いところがないが、かばいきれないので転出を考えたらどうかとアドバイスを受けた。転出も考えたが、負け癖がつくのは耐えられないので、頑張ることにした。学科の中には何でも話せる、大学院で同期だった同僚がいたことと、何人かはかげでは慰めてくれる先生がいることも励みだった。これまで無関心だった人間関係を観察し、リーダーに引っ張られる同調者のスタッフの動向に気を配った。学科内で絶えない内輪もめには積極的に口出しした。数年続いた攻撃は次第に収まり、最終的にはリーダーが謝罪に来るまでにこぎつけた。そのとき、もう少し身嗜みに気をつけろと言って、立派な櫛をくれたが、今も手元で愛用している。

(2)

私より六歳年長の友人に大巾博幸氏がいる。内蒙古海拉爾《ハイラル》近くの開拓少年義勇軍にいて、一六歳で敗戦を迎え、命からがら避難して斉斉哈爾《チチハル》で一九四五年の冬を迎えた。私が市川夫人とコークス拾いをした火力発電所で使役に従事していたことなどから、知り合ってすぐに大変親しくなった。大巾さんは飢え死に寸前のところ、小銃を扱えることが幸いして、民主聯軍（のちの解放軍）に拾われ林博幸と中国名を名乗り、兵士となった。解放軍の兵士として、南下作戦で広州まで攻め下ったのち、朝鮮戦争に参加負傷、片目を失った。朝鮮戦争に日本人が参加していたことは公式にはあり得ないことなので帰してもらえず、大巾さんは私より五年後に帰国した。中国での話、長野の漆器店から派遣され東北地方で行商から始めて、仙台で支店を開設するまでの奮闘ぶりはとても興味深い。米軍の空襲の夢を見ていきなり外に飛び出す心配があるので、行商先の駅前旅館では部屋は必ず一階に取ったそうだ。また大巾さんを通じて、人民解放軍の最初の空軍は元日本軍の林弥一郎氏（元少佐）が責任者だった陸軍教育飛行隊の協力で作られたことも知った。そこで指導に携わった元パイロットが仙台におられると聞いて、訪ねて行ったが、すでにお話しできる状態ではなかった。

敗戦時我が家に身を寄せた市川夫人は母と文通を何回かしていたようだが、その中で母の姉崎山二三子と小倉で一緒の句会にいたことが分かったと知らせてきた。長いこと同じ

句会にいたのだが忘年会で隣席となり、初めて分かったそうである。そのとき市川夫人は

　　となりして　思わぬ奇縁　年忘れ

という句を作った。叔母、母、市川夫人、医者になったその息子、みな故人になってしまった。

　昨年近所の老人会で中国について話す機会があった。老人の集まりということで、敗戦時の混乱から話し始めたが、反応はいま一つだった。出席者で敗戦時の記憶がある人はほとんどいなかったのである。周りを見回すと、出歩いておしゃべりをしている私の年配の人はだいぶ少なくなった。

　新型肺炎の流行に際して、もう充分生きたから感染も悪くないと最初は考えていたが、次第に流行が激しくなると、肺炎で死ぬことを怖がっていることを自覚した。

　流行が収まって再び自由に外国旅行ができるようになるにはしばらくかかりそうである。中国の昔の同級生たちは中国の驚異的な発展のおかげで、自由に海外旅行ができるように

なった。日本に来る話がちょうど具体化しかけている時にコロナ騒ぎに見舞われた。彼らも私も往来が自由になるその時まで足腰頭脳が持ちこたえられるだろうか。

【著者紹介】

江幡武（えばた・たけし）

１９３５年　中国旧満州撫順市で出生
１９５２年　北京市立第三中学初級中学卒業
１９５３年　帰国
１４５５年　福島県立相馬高校卒業
１９５９年　東北大学理学部（物理学科）卒業
１９６４年　東北大学大学院理学研究科物理学専攻卒業

理学博士
東京大学原子核研究所助手、東北大学教養部助教授、教授
東北大学大学院理学研究科物理学専攻教授
その間東北大学教養部長、大学教育研究センター長を歴任

１９９９年　定年退職　東北大学名誉教授
宮城県日中友好協会副会長
２００３年　宮城県日中友好協会会長
現在　宮城県日中友好協会名誉会長
日本中国友好協会顧問

激流の中で
敗戦後中国で育った少年とその後

2023年2月24日発行

著　者　江幡武
発行者　向田翔一

発行所　株式会社22世紀アート
〒103-0007
東京都中央区日本橋浜町3-23-1-5F
電話　03-5941-9774
Email: info@22art.net　ホームページ：www.22art.net

発売元　株式会社日興企画
〒104-0032
東京都中央区八丁堀4-11-10 第2SSビル 6F
電話　03-6262-8127
Email: support@nikko-kikaku.com
ホームページ：https://nikko-kikaku.com/

印刷
製本　株式会社PUBFUN

ISBN：978-4-88877-153-5